MARCO

JORDANIEN

MARCO POLO KOAUTORIN

Martina Sabra

Martina Sabra ist studierte Arabistin und bereist Jordanien seit über 30 Jahren. Als Berichterstatterin bei der „Jordan Times" erlebte sie den Alltag der Menschen hautnah. Aktuell arbeitet die Journalistin u.a. auch als Landeskundeexpertin bei der Akademie für Internationale Zusammenarbeit der GIZ. Ihr Jordanien-Fazit: kleines Land, große Abenteuer!

REIN INS ERLEBEN

Mit dem digitalen Service von MARCO POLO sind Sie noch unbeschwerter unterwegs: Auf den Erlebnistouren zielsicher von A nach B navigieren oder aktuelle Infos abrufen – das und mehr ist nur noch einen Fingertipp entfernt.

GUT ZU WISSEN
Geschichtstabelle → S. 14
Palästinenser → S. 23
Spezialitäten → S. 28
Lawrence von Arabien → S. 38
Bücher & Filme → S. 60
Social Media & Koran → S. 75
Sicher wandern & klettern → S. 100
Was kostet wie viel? → S. 109
Wetter → S. 112
Währungsrechner → S. 113

KARTEN IM BAND
(120 A1) Seitenzahlen und Koordinaten verweisen auf den Reiseatlas
(U A1) Koordinaten für die Karte von Amman im hinteren Umschlag
Detailkarte von Petra → S. 126
Die Schreibweise der Ortsnamen im Text folgt der internationalen Umschrift des Arabischen.

(🗺 A–B 2–3) verweist auf die herausnehmbare Faltkarte
(🗺 a–b 2–3) verweist auf die Zusatzkarte auf der Faltkarte

UMSCHLAG VORN:
Die wichtigsten Highlights

UMSCHLAG HINTEN:
Karte von Amman

Die besten MARCO POLO Insider-Tipps

Von allen Insider-Tipps finden Sie hier die 15 besten

INSIDER TIPP Besinnliche Teepause
Das *Darat al-Funun* in Amman ist ein verträumter Ort für Kunstliebhaber mit einer ganz wundervollen Aussicht → S. 35

INSIDER TIPP Aus Knast mach Museum
Im *Dar Saraya* in Irbid schmachteten einst Gefangene. Heute beherbergt das Gemäuer eines der am besten dokumentierten und gepflegtesten Museen Jordaniens → S. 45

INSIDER TIPP Frauenpower kulinarisch
Im *Abu Jaber House*, dem Stadtmuseum von Salt, betreibt eine Frauenkooperative das Café. Trinken sie arabischen Mokka, genießen Sie das osmanische Ambiente und fördern Sie gleichzeitig die Emanzipation → S. 97

INSIDER TIPP Plastikflaschen tabu
Zum köstlichen Brunch gibt es Wasser kostenlos, sauber gefiltert aus der Leitung. Das *Shams El Balad Café* in Amman will mit Öko Ernst machen → S. 38

INSIDER TIPP Paradiesisches Steinzeug
Die alteingesessene *Balian-Familie* bemalt orientalische Fliesen und Keramikgefäße nach Ihren Wünschen → S. 38

INSIDER TIPP Adrenalinstoß für Abenteurer
Sehr abwechslungsreiche Klettertour durch das *Wadi Mujib*, den „Grand Canyon" Jordaniens – mit Schwimmeinlagen und Abseilen (Foto re.) → S. 63

INSIDER TIPP Lecker, gesund und günstig
Bei *Hashem Sons* in Aqaba gibt es knusprige Falafel mit den allerfeinsten Zutaten im Minutentakt und für kleines Geld. Nehmen Sie sich Zeit und genießen Sie das bunte Treiben → S. 79

INSIDER TIPP Sonnenuntergang ahoi
Setzen Sie die Segel für eine höchst romantische Tour auf einem historischen *Segelboot* im Golf von Aqaba → S. 79

INSIDER TIPP Wo die Kreuzritter über Arabien herrschten

Die monumentale Festung *Shobak* alias Mons Realis (Königsburg) ist größtenteils noch unerforscht und muss noch restauriert werden. Sie thront seit 1115 weithin sichtbar isoliert auf einem kegelförmigen Hügel → S. 69

INSIDER TIPP Mit dem Bike ins Vogelparadies

In der *Oase Azraq* radeln Sie gemütlich durch uraltes Marschland, können seltene Vögel und sogar Wasserbüffel beobachten und helfen gleichzeitig der Umwelt → S. 88

INSIDER TIPP Einmal wie die Beduinen leben

Im *Camp der Ammarin* können Sie nur wenige Kilometer von Petra entfernt die besondere Lebensphilosophie der jordanischen Ureinwohner aus erster Hand kennenlernen. Und nicht nur das: Sie tun etwas für die Umwelt und unterstützen lokale Beduinenfamilien → S. 75

INSIDER TIPP Kekse mit Tradition

Seit 1860 machen die *Zalatimo-Brüder* in Amman die besten trockenen *ma'amul* – leckere Kekse mit Pistazien, Nüssen oder Datteln, reisefertig in Metalldosen verpackt → S. 39

INSIDER TIPP Auf den Spuren der Schwarzen Iris

Im wunderschön gelegenen *Al Ayoun* in Nordjordanien finden Sie seltene Pflanzen wie etwa die Schwarze Iris, dazu Übernachtungen mit Familienanschluss (Foto li.) → S. 45

INSIDER TIPP Giftgrüner Genuss

Im *Jara Café* in Amman wird zur Shisha ein genialer Limetten-Minz-Cocktail serviert, abgerundet von einer phantastischen Aussicht auf Amman → S. 37

INSIDER TIPP Aperitif in der Felsenhöhle

Die urige *Cave Bar* im Forum Hotel in Petra ist in den Stein gemeißelt → S. 75

BEST OF ...

TOLLE ORTE ZUM NULLTARIF

Neues entdecken und den Geldbeutel schonen

SPAREN

Auf Tuchfühlung mit dem Rebellendichter

Spüren Sie einem Rebellen gegen alle Konventionen nach: Im *Beit Arar*, einem historischen Wohnhaus im Damaszener Stil in Irbid, erinnert eine kostenlose Dauerausstellung an Arar alias Mustafa Wahbi At-Tall, den bedeutendsten jordanischen Dichter des 20. Jhs. → S. 45

Spazieren in Ruinen

In den 2000 Jahre alten *Ruinen von Pella* kraxeln Sie nach Lust und Laune gratis umher, und auch in den Hügeln rundherum gibt es schöne Spazierwege, die auf die Erkundung warten (Foto) → S. 58

Freiluftkino bei Mondschein

In der Gründerzeitvilla der *Royal Film Commission* auf dem Jabal Amman können Sie nicht nur kostenlos internationale Filme gucken, sondern auch tolle Fotos von der Zitadelle und Alt-Amman schießen. Abends gibt es Freiluftkino unter dem Sternenhimmel → S. 41

Umm al-Jimal – die Mutter der Kamele

In *Umm al-Jimal* besichtigen Sie eine der bedeutendsten antiken Städte Jordaniens und erleben den Charme des Alltäglichen in römischer, byzantinischer und frühislamischer Zeit. Eintritt? Fehlanzeige, hier kommen Sie umsonst rein → S. 55

Badefreuden in Aqaba

Man muss in Aqaba für Sonnenbad und Schwimmen kein Vermögen ausgeben. Am *öffentlichen Sandstrand* finden Sie alles Notwendige. Am Freitag und am Samstag erleben Sie dann zudem noch jordanisches Familienleben at its best → S. 80

Überraschend grün

Im *Wadi Ibn Hammad* ist es grün wie in den Tropen. Und das Wandern ist so unkompliziert, dass Sie durchkommen, ohne einen Guide bezahlen zu müssen – vorausgesetzt, Sie sind nicht allein, haben zwei Liter Trinkwasser dabei und eine Kopfbedeckung! → S. 100

Diese Punkte zeichnen in den folgenden Kapiteln die Best-of-Hinweise aus

TYPISCH JORDANIEN

Das erleben Sie nur hier

● *Crash-Kochkurs in Petra*

Sie möchten Ihre Freunde nach dem Urlaub mit jordanischer Küche überraschen, sind aber nicht sicher, ob Sie die richtigen Rezepte haben? Kein Problem – bei Eid Nawafleh im Restaurant *Petra Kitchen* dürfen Sie in die Töpfe schauen und auch ein paar Tricks abgucken → S. 74

● *Fresken in Wüstenschlössern*

Ist der Islam lustfeindlich? Ein Besuch in den Wüstenschlössern im Ostteil Jordaniens bringt so manches Vorurteil ins Wanken, denn die frühen islamischen Herrscher ließen ihre Bäder mit erotischen Fresken schmücken, zu bewundern im *Qasr Amra* → S. 53

● *Beduinen mit Dudelsack*

Auf dem Kopf die rot-weiße *keffiye*, unterm Arm der schottische Dudelsack, und dann wird Musik mit der Sackpfeife gemacht: Ein Auftritt der Königlich Jordanischen Marschkapelle ist auf jeden Fall ein besonderes Erlebnis, zum Beispiel während des alljährlichen *Sommerfestivals* in den Ruinen von Jerash → S. 105

● *Mosaikkunst in Madaba*

Kunsthandwerk für Geduldige: Die Stadt Madaba ist berühmt für Bodenmosaiken. Die Nachbildung der uralten biblischen Landkarte Palästinas aus der *St.-Georgs-Kirche* eignet sich hervorragend für ein Foto → S. 70

● *Wadi Rum – Wüste mit allen Sinnen*

Nachts die Sterne zählen? Tagsüber am Pool faulenzen, die warme Sonne im Gesicht spüren und die Stille genießen? Zu Pferd oder mit dem Kamel in die Wüste reiten? Im *Bait Ali Camp* im Wadi Rum erleben Sie die Wüste in allen Facetten. Tahsin und seine englische Frau Susan machen es möglich (Foto) → S. 85

● *Wie die alten Römer in der Provincia Arabica*

So lebte es sich also in einer römischen Siedlung in den ersten zwei Jahrhunderten nach Christi Geburt: Im antiken Gerasa gingen bis zu 20 000 Menschen ihren Geschäften nach und machten Petra ordentlich Konkurrenz. Heute zählen die Überreste von *Jerash* zu den besterhaltenen römischen Ruinen der Welt → S. 47

TYPISCH

BEST OF ...

SCHÖN, WENN ES HEISS IST

Aktivitäten, die Laune machen

WETTER

● ***Ballonfahren in Wadi Rum***

40 Grad im Schatten? Kein Problem – gehen Sie in die Luft. Mit dem *Royal Aero Sports Club of Jordan* entdecken Sie die grandiosen Landschaften Südjordaniens aus der Vogelperspektive → S. 84

● ***Archäologische Schätze***

9000 Jahre alte Statuen laden Sie ein zu einer spannenden Zeitreise – im wohltemperierten, englischsprachigen *Museum of Jordanian Heritage* in Irbid → S. 45

● ***Wasserspiele und Sofas im Restaurant***

Kühle Marmorfliesen, Wasserspiele, schattenspendende Zeltdächer und großzügige Beduinensofas, auf denen Sie sich nach dem Essen genüsslich ausstrecken können: Im Restaurant *Reem Al-Bawady in Amman* sind „Hundstage" kein Problem → S. 38

● ***Im Stadtmuseum von Jordaniens einzigem „Herzog"***

Mamduh Bisharat liebt alte Häuser. In seinem *Duke's Diwan* sind Sie von zahlreichen Bildern und Fotografien umgeben, die von einem vergangenen Amman zeugen. Und mit etwas Glück serviert Ihnen der Hausherr dazu arabischen Mokka und traditionelle Süßigkeiten → S. 35

● ***Immer auf der Höhe in Salt***

Im Städtchen *Salt* weht fast immer eine frische Brise. Einst war es Regierungssitz der Emire von Transjordanien. Verpassen Sie bei einem Rundgang nicht das Stadtmuseum im schmuck restaurierten osmanischen Wohnpalast → S. 34

● ***Orientalischer Traum in Petra***

Nicht jeder kann es sich leisten, im *Mövenpick Resort Petra* zu nächtigen. Doch einen Drink in der klimatisierten Lobby des Hotels sollten Sie sich gönnen. Die Innenarchitektur und das orientalische Dekor dieser Edelherberge sind überwältigend (Foto) → S. 75

ENTSPANNT ZURÜCKLEHNEN
Durchatmen, genießen und verwöhnen lassen

ENTSPANNT

Öko pur im Wadi Feynan
Einmal ohne Mobiltelefon und Internet auskommen, dafür fleischlose Menüs und Kerzenschein genießen – in Wadi Feynan finden Sie Ruhe in der *Eco Lodge*. Lassen Sie die Seele baumeln auf der Panoramaterrasse mit Rundblick über die Wüstenlandschaft. Die solarbetriebene Anlage zählt zu den besten Öko-Lodges der Welt (Foto) → S. 62

Erholsames Grün für die Augen
Wer hier ankommt, schaltet automatisch auf Entspannung. Vom *Pella Rest House* schauen Sie bei lecker Essen weit auf das üppige Grün des nördlichen Jordantals – ein herrlicher Kontrast zur Wüste → S. 58

Relaxen am Toten Meer – für die ganze Familie
Das Tagesresort *Amman Beach* am Toten Meer lockt mit einem preisgünstigen Zugang zum Strand, dazu ein großer Pool und allem, was man sonst zum Wohlfühlen braucht. Kinder sind willkommen → S. 63

Wenn am Berg Nebo die Sonne versinkt
Sonnenuntergang am *Mosesberg*: Im zartrosa Abendlicht werden die Konturen der Landschaft und die Stimmung sanft. Der laue Wind streichelt die Haut, die Welt scheint friedlich. Fahren Sie eine halbe Stunde früher los, und kosten Sie diesen Moment richtig aus → S. 70

Entspannen Sie im türkischen Bad in Petra
Die Erkundung der weitläufigen roten Felsenstadt war gigantisch, doch jetzt piekt der Sand in den Poren, und die Muskeln zwacken – was gibt es da Besseres, als sich im *türkischen Bad des Hotels Amra Palace* verwöhnen zu lassen? → S. 75

Schlemmen in Aqaba
Besichtigungen von Burgen und Tempeln können ganz schön anstrengend sein – belohnen Sie sich mit einem köstlichen Essen! In Aqaba warten tolle Restaurants auf Sie. Beschließen Sie Ihr Dinner im *Blue Bay* auf echt jordanische Art mit eisgekühlter Wassermelone und einem Mokka → S. 79

AUFTAKT

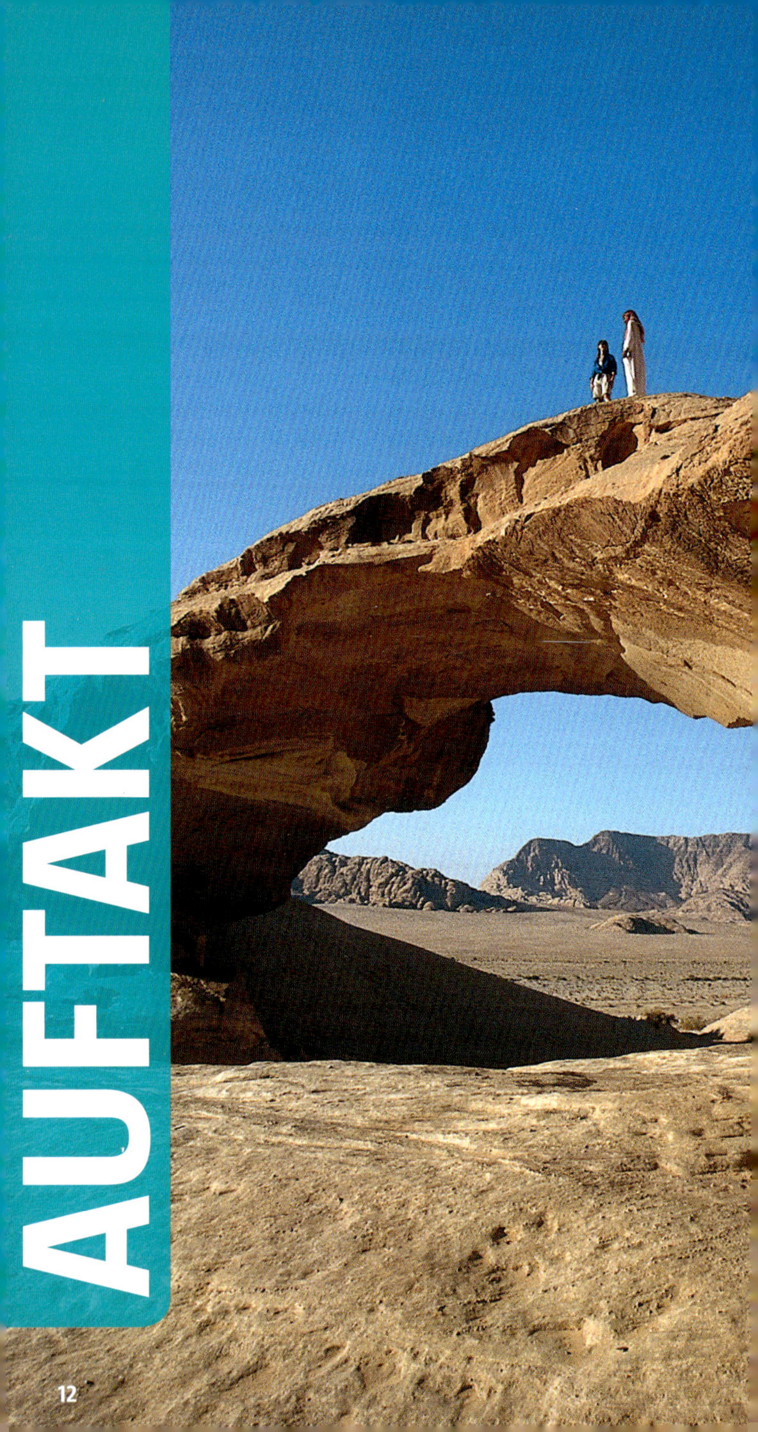

ENTDECKEN SIE JORDANIEN!

Weltgeschichte im Zeitraffer, imposante Naturschätze, faszinierende Landschaften: Das ***haschemitische Königreich*** ist eine kleine Perle – auf engem Raum liegen Zeugnisse der großen europäischen und vorderasiatischen Kulturen nebeneinander. Wie in einer ***Zeitmaschine*** können Reisende die Weltgeschichte bis in ihre Frühzeit zurückverfolgen. Die ältesten Großplastiken der Welt, die Ain-Ghazzal-Statuen mit ihren lebendigen Gesichtern – zu sehen im Archäologischen Museum in Amman –, schufen Künstler im 8. Jahrtausend v. Chr. Höhepunkt jeder Jordanienreise ist die ***Felsenstadt Petra***, die die Nabatäer ab dem 6. Jh. v. Chr. in den rötlichen Stein geschlagen haben. ***Griechen, Römer, Christen, Muslime und Kreuzritter*** hinterließen beeindruckende Spuren auf dem Territorium des heutigen Jordaniens.

Doch das Land lädt nicht nur zu einem Spaziergang durch die Geschichte ein, es besitzt auch ***großartige Naturschätze***. Die Region an der Schnittstelle des Mittelmeerraums und der großen Wüste der Arabischen Halbinsel bietet spektakuläre Landschaften. So fasziniert im Süden die ***Wüste Wadi Rum*** mit ihrem feinen Sand und den roten Felsen, die grandios in den Himmel aufragen. Sie ist der schönste Teil der Wüstengebiete, die 90 Prozent Jordaniens ausmachen und die Bevölkerung ge-

Bild: Natursteinbrücke im Wadi Rum

Karges Land des Ölbaums: jordanischer Bauer mit Olivenbäumen

prägt haben. Die Weite und die Einsamkeit dieser Landschaft reduzieren alles auf das Wesentliche: schlichte Gesten, keine überflüssigen Worte, Kontrolle der Emotionen. Diese Eigenschaften haben sich in Jahrtausenden herausgebildet, in denen die Menschen sich an die lebensfeindliche Umgebung angepasst haben. Die ***unaufdringliche, fast zurückhaltende Höflichkeit*** der Jordanier hat hier ihren Ursprung. Aber auch die nüchterne Lebenseinstellung: So gibt es im Ramadan keine Volksfeste bis spät in die Nacht und nach dem Fastenbrechen kein sinnenfrohes Treiben in den Straßen. Die Jordanier feiern im Kreis der Familie, im eigenen Haus.

Nur wenige Kilometer vom Wadi Rum entfernt wartet das ***Rote Meer***, das mit seinen Korallenriffen und Fischgründen ein Paradies für Taucher ist. Das ***Jordantal***, in dessen subtropischem Klima Gemüse angebaut wird, bietet dagegen Grün, so weit das Auge reicht. An seinem südlichen Ende mündet der Jordan in das ***Tote Meer***, das mit 400 m unter dem Meeresspiegel am tiefsten Punkt der Erde liegt.

12. Jh. v. Chr. Frühe Kleinstaaten östlich des Jordans: Ammon, Edom, Moab

6. Jh. v. Chr.–2. Jh. n. Chr. Nabatäer siedeln im Wadi Araba

Ab 636 Arabische Heere erobern die Region. Verbreitung des Islam

11. Jh. Erster Kreuzzug, 1099 wird Jerusalem eingenommen

1244 Mamelucken herrschen über das Ostjordanland

1517–1917 Transjordanien ist Teil des Osmanischen Reichs

Mit seinem hohen Salz- und Mineraliengehalt zieht es von jeher Touristen an, die aus gesundheitlichen Gründen hierher reisen. Und im Norden findet sich ***mediterrane Hügellandschaft*** mit Olivenhainen.

Obwohl Jordanien so viele Attraktionen bietet, wurde das Land lange Zeit von Reisenden wenig beachtet und links liegen gelassen. Den Hintergrund dafür bildet die politische Lage in der gesamten Region. Das Image des Pufferstaats zwischen Israel/Palästina und Irak leidet unter den instabilen Verhältnissen in den Nachbarländern. Doch Jordanien selbst ist – selbst nach der Serie von Terroranschlägen auf drei Hotels in Amman im Jahr 2005 – ***ein sicheres Reiseland***, sowohl im regionalen als auch im weltweiten Vergleich. Nicht umsonst hat das Weltwirtschaftsforum von Davos Jordanien als Schauplatz seiner Sondertreffen in der Region ausgewählt.

Touristen werden in Jordanien wie Staatsgäste behandelt. Die Menschen sind freundlich und hilfsbereit, aber nie aufdringlich. Mit Ausnahme vielleicht bei einem Besuch in Petra werden Sie es nicht erleben, dass eine Meute von Andenkenverkäufern Sie verfolgt oder Kinder Sie anbetteln. Taxifahrer rechnen nach Taxameter ab, und so gibt es kein lästiges Feilschen um den Fahrpreis. Dank des ***guten Bildungssystems*** sprechen viele Jordanier Englisch. Straßenschilder sind immer zweisprachig, in Arabisch und Englisch, beschriftet. Damit ist Jordanien ein ideales Ziel auch für ***Individualtouristen***, die selbstständig auf Entdeckungsreise gehen wollen.

Viele Jordanier sprechen Englisch

- **1812** Der Schweizer Orientalist Jean Louis (Johann Ludwig) Burckhardt „entdeckt" die Felsenstadt Petra
- **1900–1908** Bau der Hedschas-Bahn
- **1920** Großbritannien erhält Völkerbundsmandat für Transjordanien, Palästina und Irak
- **1921** Emir Abdallah wird vorläufiger Herrscher Transjordaniens, sein Bruder Faisal König von Irak
- **1946** Jordanien wird unabhängig, Emir Abdallah zum König gekrönt

König Abdallah II. ist ein gern gesehener Gast im Westen

Das heutige Jordanien ist ein ***relativ junger Staat***, der von den britischen Kolonialherren am grünen Tisch geplant wurde. Sie wollten ihrem Verbündeten Abdallah nach dem Zweiten Weltkrieg ein Königreich verschaffen, das Transjordanland, wie das britische Mandatsgebiet damals hieß. Der „kleine König" Hussein, der Enkel von ***Staatsgründer Abdallah I.***, hat es verstanden, dem rohstoffarmen Land eine über seine geografische Größe hinausgehende Rolle zu verschaffen. Nach seinem Tod im Jahr 1999 trat sein Sohn Abdallah II. die Nachfolge an. Mit der schönen Königin Rania an seiner Seite, die Palästinenserin ist, ist Abdallah II. ein im Westen gern gesehener Gast. Im Wirtschaftsbereich hat der König junge Technokraten an die Schalthebel der Macht geholt. Politische Reformen blieben jedoch weitgehend aus. Dabei besteht auch in Jordanien ***Reformbedarf***. Die knapp 7 Mio. Einwohner des Landes sind im Schnitt 22 Jahre alt. Der starke Bevölkerungszuwachs birgt Probleme – viele junge Leute finden keine Jobs und wandern aus. Die Anwesenheit von ***mehr als 1 Mio. Flüchtlingen***, vor allem aus Syrien, sorgt für zusätzlichen Run auf die wenigen Jobs.

Groß ist zudem der ***Gegensatz zwischen Arm und Reich***, eine Mittelschicht fehlt. Im Villenviertel Abdoun in West-Amman reihen sich palastartige Wohnhäuser, es stehen mindestens zwei Autos in der Garage, Hausarbeit übernimmt das Personal. Trotz der Arbeitslosigkeit meiden Jordanier bestimmte Arbeiten. So sind die Gärtner in den Villenvierteln und im Jordantal meistens Ägypter. Aufgrund des konservativen Ehrenkodex der Beduinen und des Islam arbeiten jordanische Frauen nicht in einem fremden Haushalt. Es würde sie kompromittieren, wenn sie sich allein mit einem fremden Mann im Haus befänden. Diese Arbeit übernehmen Frauen von den Philippinen, aus Sri Lanka und Bangladesch.

Im Ostteil Ammans dagegen lebt meist eine ganze Familie in einem einzigen Zimmer, die Häuser sind eng aneinandergrenzende, oft unverputzte Betonbauten. Wirkliches Elend sieht man jedoch selten, Slums gibt es im Land nicht. Dies ist den Hilfsgeldern aus dem Ausland zu verdanken, die Jordanien in der Krisenregion stabilisieren und die ***prowestliche Haltung des Königshauses*** garantieren sollen, aber auch den Überweisungen der vielen Hunderttausend Auslandsjordanier.

1948 Gründung Israels, Hunderttausende Palästinenser fliehen über den Jordan. Jordanien besetzt das Westjordanland und Ostjerusalem (Annexion 1950)

1953 Hussein wird König von Jordanien

1967 Jordanien verliert die Westbank und Ostjerusalem im Sechs-Tage-Krieg an Israel

1970/71 Jordanische Armee schlägt die Revolte der Palästinenservertretung PLO nieder (Schwarzer September)

1994 Friedensvertrag mit Israel

Boot vorm Palast: Die Gegensätze von Arm und Reich sind groß in Jordanien

Bisher vertrauen die Jordanier auf die Führungsqualitäten von König Abdallah II., aber auch traditionell königstreue Gruppen rufen immer deutlicher nach Veränderungen, nach Maßnahmen gegen Korruption und nach ***mehr sozialer Gerechtigkeit***. Umweltschützer machen gegen den Einstieg in die Atomkraft und die Ausbeutung nicht erneuerbarer Wasservorkommen mobil. Tiefgreifende politische Veränderungen oder gar ein gewaltsamer Umsturz stehen aber nicht zur Debatte. Jordanien bleibt ***ein faszinierendes und zugleich sicheres Reiseziel*** in einer aufgewühlten Region. Wenn Sie einige Sätze Arabisch lernen, werden sich die Türen und Herzen der Jordanier noch weiter öffnen. Viele sind freudig überrascht, wenn westliche Ausländer sich für ihre Sprache und Kultur interessieren. Entdecken Sie nicht nur die historischen Sehenswürdigkeiten Jordaniens, sondern tauchen Sie auch in die zeitgenössische arabische Welt ein. *Ahlan wa Sahlan* – herzlich willkommen.

Faszinierendes und sicheres Reiseland

1999 Husseins ältester Sohn Abdallah II. wird König

2003 Zweiter Irakkrieg

2011 Königstreue Militärs und Stammesführer demonstrieren zum ersten Mal und fordern Reformen

2012 Beginn der Massenflucht aus Syrien nach Jordanien

2013 Die Parlamentswahlen stärken die Konservativen

2016 Offiziell ca. 600 000 syrische Flüchtlinge in Jordanien (inoffiziell 1,2 Mio.)

IM TREND

1 Es wird gefeiert

Ausgehen Amman ist die neue Boomtown des Nahen Ostens: In den Gassen von *Jabal Amman* tummeln sich Nachtschwärmer zwischen Bars, Restaurants und Boutiquen, an Wochenenden ist vor allem die *Rainbow Street* angesagt. Auch der bisher eher beschauliche Stadtteil *Jabal Webdeh* ist im Kommen. Im *Maestro (Baouniyeh Street 52)* gibt es zur Happy Hour günstig Prosecco und bei *Volk's Burger (Baouniyeh Street 18)* deftige Sattmacher. In der Parallelstraße *Kulliyat Al Shareea Street* finden sich gemütliche Cafés und französische Patisserien.

2 Aufsteiger

Canyoning Mit den Canyoning-Guides von *Terhaal (48 Ali Nasuh Al Tahir Street | Amman | www.terhaal.com) (Foto)* und gesichert am Seil geht es durch spektakuläre Schluchten. *Lizard Life (www.lizard-life.com)* hat unter anderem auch die Wasserfälle des Wadi Himara im Canyoning-Programm. Und die Profis von *Jordan Tracks (www.jordantracks.com)* kennen die Schluchten entlang des Toten Meers wie ihre Westentasche.

3 Heimatgefühle

Gästehäuser Individuelles Wohnen ist in Amman voll im Kommen: Das hitverdächtige *By the Lemon Tree (Hafeth Ibrahim Street 1 | Jabel Webdeh | www.bythelemontree.com)* ist etwas für Touristen, die völlig selbstständig sind. Das italienisch gestylte B&B punktet mit topmoderner Gemeinschaftsküche, Dachterrasse und wöchentlichem Get Together an der gut bestückten Bar des Hausherrn Guido Romero. Eher rustikal, mit schönem Garten und Mini-Pool logieren Gäste im *Hawa Guesthouse (Abdulmun'em Samarah Street 7 | www.hawaguesthouse.com)*, das ebenfalls in Jabal Webdeh liegt.

In Jordanien gibt es viel Neues zu entdecken. Das Spannendste auf diesen Seiten

Jordanien bewegt sich

4

Waderfieber Wandern wird in Jordanien quer durch die Bevölkerung immer beliebter. Websites wie *The Jordan Trail (jordantrail.org)* informieren ausführlich über Wanderwege vom hohen Norden bis hinunter ans Rote Meer. Outdoor-Agenturen bieten teilweise preisgünstige Tagestouren, bei denen viele Einheimische mitgehen, zu denen sich aber auch Durchreisende kurzfristig anmelden können (siehe z.B. *Experience Jordan*, am besten über Facebook). Für City-Wanderer: In Amman hat die Königliche Gesellschaft für Naturschutz einen *Spazierweg durch die historischen Stadtviertel* entwickelt. Startpunkt ist am Wild Jordan Café in der Othman Ibn Al Affan Street. In Salt führt der *Salt Trail* vom Stadtmuseum durch die Altstadt hinauf auf die höchsten Aussichtspunkte.

Treffpunkte

5

Kultur- und Kunsträume Freiluftcafés, Kunstausstellungen, Livemusik, Sprach- und Kochkurse: In Amman brummt die freie Kulturszene. Im privaten *Jadal Culture Center (auf Facebook)* an der legendären *Kalha Treppe (Zugang von der King Hussein Street aus, direkt gegenüber vom Jerusalem Restaurant)* treffen sich einheimische Studierende und ein vielsprachiges internationales Team um den Gründer Fadi Amireh. Einige Stufen weiter aufwärts, im Trendviertel Jabal Webdeh, befinden sich unter anderem die Galerien *Makan (Nadeem Al Mallah Street 21 | www.makanhouse.net), Dar Al Anda Art Gallery (Dhirar Bin Al Azwar Street 3 | www.daralanda.com), Fann wa Chai (mit Café | Kullyet Al Sharea Street 25)* und viele andere.

FAKTEN, MENSCHEN & NEWS

BEDUINEN

Stolze Menschen, die die Freiheit lieben und mit ihren Kamelen die Sandmeere der Wüste durchqueren: Die Kultur der Beduinen (eigentlich Bedu) ist in Jordanien omnipräsent. Dabei waren die Vorfahren von König Abdallah II. gar keine Bedu, sondern sesshafte Kaufleute in Mekka. Die hohe Wertschätzung der beduinischen Lebensweise in Jordanien beruht darauf, dass die Bedu treu zur Herrscherdynastie der Haschemiten stehen. Fast alle Bedu in Jordanien sind heute sesshaft, viele arbeiten im Tourismus. Wer aus erster Hand erfahren möchte, wie die Bedu den Spagat zwischen Tradition und Moderne erleben, kann das anrührende Buch „Im Herzen Beduinin" von Marguerite van Geldermalsen lesen. Die Neuseeländerin heiratete 1978 einen Beduinen aus Petra und lebte die ersten zehn Jahre mit ihm in einer Höhlenwohnung in der Felsenstadt.

GENDER

Auch wenn die meisten Frauen ein Kopftuch tragen: In Jordanien gibt es keine offizielle Geschlechtertrennung und keinen Schleierzwang. Und beim Thema Bildung sind die Jordanierinnen in der arabischen Welt Spitze. Der Alltag von Frauen und Mädchen ist allerdings durch patriarchale Gesetze und Denkweisen geprägt. Die meisten jordanischen Eltern wünschen sich immer noch lieber Söhne als Töchter, damit der Familienname bestehen bleibt. Die Familienplanung gilt deshalb in den meisten

Bild: Moderne Kopftücher

Eine Gesellschaft im Aufbruch – Vergangenheit, Gegenwart und Zukunft mischen sich in Jordanien auf eine einzigartige Weise

Fällen erst dann als abgeschlossen, wenn die Frau mindestens zwei Söhne geboren hat. Das Personenstandsrecht ist in Jordanien von der Religion abhängig. Das islamische Recht (Scharia) kann zwar auch fortschrittlich ausgelegt werden, doch die in Jordanien übliche konservative Interpretation benachteiligt Frauen. Jordanierinnen stehen beim Erbrecht und beim Sorgerecht für die Kinder schlechter da, sie können sich nur unter erschwerten Bedingungen scheiden lassen, und sie müssen bis zu drei Nebenfrauen akzeptieren. In der Politik spielen Frauen eine geringe Rolle. Seit 2003 stehen ihnen dank einer Quote insgesamt 5 Prozent der Sitze im nationalen Parlament zu. Bei Kommunalwahlen beträgt die Frauenquote 20 Prozent.

KAFFEE

Kaffee, auf arabisch „qahwa", ist in Jordanien nicht nur bloßes Getränk, sondern eine Lebenseinstellung. Die Beduinen zelebrieren das Rösten und Kochen des grünen Kaffees als feierliches Ritual,

Für die Jordanier mehr als nur ein Getränk: Kaffee

mit dem man die Wertschätzung des Gastes ausdrückt. Das bittere, aromatische heiße Getränk wird in winzigen Schlucken genippt – höchstens dreimal hintereinander. Das vierte Schälchen sollten Sie ablehnen! Die meisten Jordanier denken beim Kaffee jedoch gar nicht an beduinische Zeremonien, sondern an einen schwarzen Mokka. Ob nach dem Aufwachen, zur Begrüßung oder nach einem guten Essen – immer wird ein Tässchen serviert, je nach Geschmack *sada* (ohne Zucker), *chafiif* (mit wenig Zucker) oder *masbuut* (mittelsüß). Der Mokka schmeckt in Jordanien anders, weil das Kaffeepulver *(Bunn)* im Stieltopf *(Ibrik)* bis zu sieben Mal aufgekocht wird und weil der Kaffee einige Minuten ruht, ehe man ihn trinkt. So landet der Kaffeesatz nicht auf der Zunge. Oft wird der Mokka mit Kardamom *(Heel)* oder Zimt *(´Irfe)* aromatisiert.

KÖNIGSFAMILIE

Die jordanische Königsfamilie *(www.kingabdullah.jo)* führt ihre Abstammung auf den Propheten Mohammed zurück und verwaltete über Jahrhunderte die heiligen Stätten in Mekka und Medina. Daher zählt sie zu den edelsten in der arabisch-islamischen Welt. Im Westen ist die eingeheiratete Königin Rania *(www.queenrania.jo)* fast bekannter als ihr Ehemann Abdallah II. Fotos der eleganten Frau, die sich mit Vorliebe von italienischen Designern einkleiden lässt, füllen so manche Seite der Gesellschaftsmagazine. Die Computerspezialistin, die in Kuwait geboren wurde, heiratete Abdallah II. im Jahr 1993. Sie fördert nicht nur soziale Projekte und Frauenrechte in Jordanien, sondern sitzt auch im Vorstand des Weltwirtschaftsforums von Davos. Das Paar hat vier Kinder.
Während das Königspaar im Westen beliebt ist, weil es so modern wirkt, hat es im eigenen Land noch nicht die Popularität erreichen können, die König Hussein und Königin Noor, die letzte und beliebte Frau König Husseins, besaßen. Zwar hat sich Abdallah II. zu Beginn seiner Regentschaft inkognito unter das Volk gemischt, um die Arbeit von Behörden oder Krankenhäusern zu erleben. Dennoch vermissen viele Jordanier bei ihm die Bodenhaftung, die seinen Vater auszeichnete.

MOTORRAD

Viele Jahre hatten ausländische Motorradfahrer die zahlreichen schönen Panoramastraßen des Landes fast für sich allein: Nur Touristen, die Polizei und seine Majestät König Abdallah II. höchstpersönlich durften in Jordanien Motorrad fahren. Mittlerweile dürfen auch die jordanischen Normalbürger im eigenen Land auf die Tube drücken. In Naur, auf halber Strecke zwischen Amman und dem Toten Meer, hat der 2008 gegründete königliche Motorradclub ein modernes Trainingszentrum für angehende Biker eröffnet. Der Club bietet Ausbildungskurse an und regelt auch die Erteilung der Führerscheine. Außerdem versteht sich der Club als Ansprechpartner und Infobörse für Touristen, die mit dem eigenen Bike nach Jordanien reisen wollen. Auf der Webseite findet man zudem Hinweise auf aktuelle Motorrad-Events im Land und in der Region. *Royal Motorcycle Club | www.rmcj.jo*

NABATÄER

Die Nabatäer waren ein geheimnisvoller Beduinenstamm, dessen Herrschaftsgebiet sich auf dem Höhepunkt seiner Macht von Damaskus bis zum Sinai erstreckte. Sie ließen sich im 6. Jh. v. Chr. im Königreich Edom, dem heutigen Südjordanien, nieder und beherrschten über Jahrhunderte die Handelsrouten der alten arabischen Welt. Während der Herrschaft des römischen Kaisers Augustus sollen die Nabatäer in einem Jahr 10 000 Kamelladungen (oder 1,5 t) Weihrauch nach Rom transportiert haben. Die friedfertige, egalitäre Gesellschaft behauptete jahrhundertelang ihre Stellung zwischen den Großmächten der Region. Die Stadt Petra war einer der besonders kosmopolitischen Orte der damaligen Welt, hier mischten sich griechische, ägyptische und semitische Kunsteinflüsse. Petra genoss großes Ansehen wegen ihrer Architektur und des raffinierten Kanalsystems zur Wasserversorgung. 106 n. Chr. wurde das Territorium der Nabatäer dem römischen Reich einverleibt, Petra wurde zur Hauptstadt der römischen Provinz Arabica. Die Karawanenrouten verlagerten sich nach Palmyra (im heutigen Syrien), und der Niedergang der Nabatäer begann. Mehrere Erdbeben (365 und 746 n. Chr.) ließen die Menschen aus Petra fliehen. In Vergessenheit geraten, wurde die Felsenstadt erst 1812 vom Schweizer Jean Louis Burckhardt wiederentdeckt.

POLITIK

Der westliche Stil und die Reformversprechen König Abdallahs II. lassen leicht den Eindruck entstehen, Jordanien sei auf dem Weg der politischen Demokratisierung. Doch der König hat eine einzigartige Machtfülle – er ist de facto der Herr von Exekutive und Legislative.

PALÄSTINENSER

Die Gründung Israels 1948 brachte das Gleichgewicht des jungen jordanischen Staates völlig durcheinander. Etwa 350 000 Palästinenser flohen aus ihrer Heimat in das Nachbarland. Der Anteil der palästinensischstämmigen Bevölkerung Jordaniens wird heute auf knapp die Hälfte der gut 7 Mio. Einwohner geschätzt. Offizielle Statistiken gibt es nicht, das Thema ist politisch brisant und wird gern totgeschwiegen. Denn lange hatten israelische Politiker erklärt, die Palästinenser bräuchten keinen eigenen Staat, weil sie in Jordanien bereits eine Heimstatt hätten. In Jordanien sind die Palästinenser besser integriert als in den anderen arabischen Staaten: Sie besitzen die jordanische Staatsbürgerschaft und beherrschen das wirtschaftliche Leben des Landes. Hohe Armee- und Staatsposten werden ihnen jedoch nach wie vor verweigert.

Ungerechte Wahlkreiszuschnitte sorgen dafür, dass loyale Stammesvertreter das Parlament beherrschen. Die Mitglieder der zweiten Kammer, des Senats, wählt der König selbst aus. Er ist Oberbefehlshaber der Armee und ernennt die Richter. Die Medien sind größtenteils in staatlicher Hand. Pressefreiheit gibt es nicht. Parteien sind zwar seit 1992 zugelassen, werden aber streng vom Staat kontrolliert. Frauen spielen in der Politik kaum eine Rolle. Allerdings gibt es gesetzlich fixierte Frauenquoten im Parlament (5 Prozent) und in den Gemeinderäten (20 Prozent). 2007 wurde erstmals eine Frau ohne Quote zur Bürgermeisterin gewählt.

RELIGION

97 Prozent der jordanischen Bevölkerung sind sunnitische Muslime. Schiiten finden sich nur unter den Irakern, die jedoch keine jordanische Staatsbürgerschaft haben. Etwa 2 Prozent der Bevölkerung sind Christen. Dank ihrer Loyalität gegenüber der Monarchie und der religiösen Toleranz des Königshauses erfreuen sie sich einer herausgehobenen Stellung in Wirtschaft und Politik.

Anders als in anderen Ländern der Region hat es in Jordanien niemals jüdische Gemeinden gegeben. Die haschemitische Königsfamilie führt ihren Stammbaum auf den Propheten Mohammed zurück, dem die heilige Schrift, der Koran, offenbart wurde. In den jordanischen Gesetzen spielt der Islam aber so gut wie keine Rolle. Eine Ausnahme bildet das Personen- und Familienstandsgesetz, das in Jordanien wie in allen arabischen Ländern religiös geprägt ist.

SHISHA UND COOL JAZZ

Wenn Omar Abdallat treuherzig „Ha shemi, Hashemi" trällert, wundert sich in Jordanien niemand – Loblieder auf den König und das Militär werden von einheimischen Künstlern erwartet. Wer Romantik möchte, gibt deshalb Schlagerstars aus arabischen Nachbarländern den Vorzug: Ilham Al-Madfai und Kazim As-Saher aus dem Irak, Abdallah Ruweished aus Kuwait, Amr Diab aus Ägypten oder Asala aus Syrien sind Favoriten. Ansonsten gibt es in Jordanien auch eine kleine „alternative" Musikszene, deren Vertreter sich an globalen Trends orientieren.

In den angesagten Clubs von Amman raucht man Shisha und hört Cool Jazz: Der Fusiongitarrist Kamal Musallam, der mittlerweile in Dubai lebt, hat ein halbes Dutzend CDs veröffentlicht und arbeitet unter anderem mit Billy Cobham zusammen. Die Jazz-Coverband „Sign of Thyme" und die Rockgruppe „Jadal" treten regelmäßig in Clubs und bei Festivals auf. Die Sängerinnen Macadi Nahas und Shireen Abu Khader (Dozan-Ensemble) präsentieren traditionelle arabische Folkore in anspruchsvoller Form. Der Rockmusiker Yazan Rousan setzt mit seinen lakonisch vorgetragenen Balladen ganz eigene Akzente.

Wenn Sie Musik aus dem Land mit nach Hause nehmen möchten: Arabische Original-CDs in guter Qualität finden Sie in Amman im *Virgin Store (City Mall)* oder im *Books@Café*, natürlich auch im Internet (Labels „OrangeRed" und „Inkognito").

WASSER

Jordanien gehört zu den zehn wasserärmsten Ländern der Welt. 90 Prozent des Landes sind Wüste. Zwar ist der tägliche Wasserverbrauch mit durchschnittlich 83 l pro Kopf einer der niedrigsten der Region – in Israel beispielsweise liegt er bei 275 l pro Kopf –, doch wegen des raschen Bevölkerungswachstums wird Jordanien im Jahr 2020 ein gigantisches Wasserdefizit haben. Schon heute werden die Wassertanks auf den Häusern nur einmal wöchentlich gefüllt. Im Sommer herrscht regelmäßig Wassermangel. Die Regierung investiert zwar seit Jahren in den Wassersektor: Staudämme werden gebaut, die Regenwasser auffangen, und das Wasser- und Abwassermanagement wird verbessert. Doch noch immer begünstigt die Preispolitik die Landwirtschaft, die einen Löwenanteil des Wassers verbraucht, aber nur 3,5 Prozent zum Bruttosozialprodukt beiträgt. Das Abpumpen nicht erneuerbarer Wasserreservoire führt zu Versalzung und anderen Umweltschäden.

WASTA

Wasta ist die nahöstliche Variante des „Vitamin B". Dabei werden meist Beziehungen zu Verwandten oder Bekannten genutzt, um eine Stellung im öffentlichen Dienst oder einen Studienplatz zu bekommen, ein Problem mit den Behörden zu regeln oder einen Geschäftsauftrag zu erhalten. Diese Praxis ist aus dem traditionell geprägten Wertesystem hervorgegangen: Die Loyalität gegenüber dem Stamm oder der Großfamilie ist größer als die gegenüber Staat und Nation. Dieses System verhindert jedoch sozialen Aufstieg: Oft entscheidet nicht die Leistung, sondern der Einfluss der Familie darüber, wer einen Arbeitsplatz bekommt. Das frustriert viele gut qualifizierte junge Leute, die so an den Golf oder in den Westen auswandern. Auch der Zugang zu wichtigen politischen Ämtern ist auf eine begrenzte Zahl von Familien beschränkt. Abdallah II. hat dieses Muster teilweise aufgebrochen und im Wirtschafts- und IT-Bereich junge Fachleute aufgrund ihrer Leistung an seine Seite geholt. Dennoch bildet *wasta* weiterhin ein Fundament der jordanischen Gesellschaft.

Schwarz-weiß gestreiftes Schmuckstück: die Abu-Darwisch-Moschee in Amman

ESSEN & TRINKEN

Als politische Einheit gibt es die arabische Welt trotz aller Beschwörungen nicht. Aber gastronomisch haben die Länder der Region viele Gemeinsamkeiten.

So finden Sie in Jordanien die ***klassische levantinische Küche***, die sich in Libanon und Syrien herausgebildet hat. Sie besteht zuallererst aus den berühmten kalten und warmen Vorspeisen, den ***mezze***. Diese Auswahl von Salaten, Gemüsedips, Käse und Fleischstücken wird in der Mitte des Tisches in kleinen Schälchen serviert, aus denen sich jeder bedient. Das unterstreicht den ***sozialen Charakter des Essens***, zu dem in Jordanien oft die gesamte Großfamilie zusammenkommt. ***Fladenbrot*** ist fester Bestandteil jeder Mahlzeit und wird wie ein Löffel benutzt: Nehmen Sie mit einem Stück Brot etwas Speise auf, und führen Sie sie zum Mund. Oder Sie benutzen die langen, festen Salatblätter, *khass* genannt, zum Dippen. Zu Hause isst man oft gemeinsam aus Schüsseln. Doch ob bei einer privaten Einladung oder im Restaurant: Sie können selbstverständlich auch eine Portion auf Ihrem Teller platzieren. Besucher sind oft überrascht, wenn sie sehen, wie sich der Tisch unter den verschiedenen Vorspeisen biegt. Da die *mezze* nicht nur köstlich, sondern auch sättigend sind, können Sie sich zunächst nur Vorspeisen bestellen und erst dann entscheiden, ob Sie anschließend noch ein Hauptgericht ordern wollen. Diese Variante ist insbesondere für Vegetarier sinnvoll, denn das Hauptgericht

 Bild: Arabische Gewürze

Kulinarische Verführungen – die berühmten *mezze* als Vorspeise und dann gegrilltes Fleisch als Inbegriff eines guten Essens

besteht in Jordanien meist aus gegrilltem Fleisch mit Beilagen. Frischen Fisch gibt es hauptsächlich in Aqaba; sonst wird er meist tiefgefroren aus Jemen oder Saudi-Arabien importiert.

In der arabischen Welt isst man **gern und viel Fleisch**, wenn man es sich finanziell leisten kann. Auch die Jordanier bilden hier keine Ausnahme. *Brosted*, ein **knuspriges Brathähnchen**, oder *Dalu*, ein Stück **geschmortes Hammelfleisch**, sind für die meisten der Inbegriff eines guten Essens. Doch die vielfältige levantinische Küche bietet auch eine große Auswahl an **leckeren fleischlosen Gerichten**: *Hummus*, frittierte Falafelbällchen, kleine Teigtaschen mit Spinat, Käse oder *Zaatar*, gefüllte Weinblätter, Petersilien-Bulghur-Salat, knusprig gebratener *Halloumi*-Käse und gegrillte Gemüse – all diese Gaumenkitzler sind in durchschnittlichen jordanischen Restaurants ebenso Standard wie *Tahina* – eine würzige Sauce aus Sesambrei, Wasser und Zitrone – oder *Schanklisch* – ein Frischkäse aus getrocknetem Jo-

SPEZIALITÄTEN

SPEISEN

aurak einab – Weinblätter, gefüllt mit Reis und/oder Hackfleisch und Gewürzen
baba ghanush – Püree aus gegrillten Auberginen
baklawa – mehrere Lagen hauchdünner Blätterteig, kombiniert mit gehackten Nüssen und Honigsirup und getrockneten Früchten (Foto re.)
falafel – frittierte Gemüsebällchen in Fladenbrot mit Salat (Foto li.)
ferach meschwi – gegrilltes halbes Huhn
ful – große braune Bohnen mit Knoblauch, Öl und Zitronensaft
hummus – Kichererbsenbrei mit Sesamöl und Zitronensaft
kibda – kleine Stücke gegrillter Hühnerleber
knafeh – Lieblingsnachtisch! Mozzarellaähnlicher, feiner Weißkäse mit sehr dünnen Fadennudeln überbacken und mit Zuckerwasser gesüsst. Bitten Sie um eine Portion ohne Zuckerwasser
kofta – Hackfleischbällchen
kubba (kibbe) – Frikadellen aus Burgul (gekochter, getrockneter Weizen)
kusa mahshi – mit Reis gefüllte Zucchini
ma'amul – trockenes Gebäck mit Nüssen oder Datteln
mohallabiya – Milchpudding mit Rosen- oder Orangenblütenwasser
mutabbal – Auberginenpüree mit Sesamöl und Joghurtcreme
sambusak – kleine Blätterteigpasteten, mit Hackfleisch, Käse oder Spinat gefüllt
shawarma – Hammelfleischgyros, der arabische Döner
shish kebab – Hackfleischspieße vom Grill
shish taouk – gegrillte Hähnchenstücke auf einem Spieß
shorbat adas – pürierte gelbe Linsensuppe mit Kreuzkümmelaroma, serviert mit Croûtons und Zitrone
tabuleh – Weizenschrotsalat mit Zwiebeln, Tomaten und viel Petersilie

GETRÄNKE

assir burtuqal – frisch gepresster Orangensaft
assir lamun – frischer Limonensaft
qahwa masbut – türkischer Kaffee
shay – Tee mit viel Zucker und auf Wunsch mit frischer Minze *(shay bil na'ana'a)*

ghurt, der mit verschiedenen Kräutern und Gewürzen gemischt wird.
Wenn sich die Gelegenheit ergibt, sollten Sie auf jeden Fall das ***jordanische Nationalgericht mansaf*** probieren. Dieses Beduinengericht finden Sie sonst in keinem anderen arabischen Land. Es ist wirklich ***unverwechselbar***: ein Berg Reis, auf dem verteilt die verschiedenen Teile eines Hammels liegen. Getränkt ist der Reis mit einer Sauce aus Kameljoghurt. Dieser wird zunächst getrocknet und im Laden in Kugeln in der Größe eines Tennisballs verkauft. Er wird dann unter Zugabe von Wasser wieder flüssig gemacht und gibt dem Reis seinen besonderen, oft recht strengen Geschmack.
Als Getränke sind ***frische Säfte (Orange, Limone)*** und Mineralwasser zu empfehlen. Oder Sie greifen zu einem milden ***Trinkjoghurt***, *laban*. In vielen Restaurants werden Sie allerdings nur eine Auswahl von Softdrinks wie Miranda, Fanta oder Cola finden. Nach dem Essen trinkt man ***Tee mit frischer Minze oder Kaffee***. Alkohol ist in den meisten Hotels und europäischen Restaurants erhältlich. Aber es gibt auch westliche Restaurants, die keinen Alkohol ausschenken. Wenn Sie Wert auf ein Glas Wein zum Essen legen, sollten Sie immer gleich danach fragen, ob Alkohol ausgeschenkt wird. Während des ***Fastenmonats Ramadan*** ist dies nur in den großen Hotels der Fall. Das Bier Amstel wird in Lizenz in Jordanien hergestellt, es ist leicht und gut trinkbar. Daneben gibt es importiertes Dosenbier.
Lokale Weine stammen von der Firma Zumot, vor allem aus der Region Sama in Nordjordanien. Zumot-Weine (auch der berühmte St. Georges) bekommt man in Amman im Geschäft der Familie in Wadi Saqra sowie in großen Supermärkten und am Flughafen im Duty Free Shop. Wenn Sie einen ***libanesischen Wein*** aus den Weingütern Kefraya oder Ksara auf der Karte sehen, sollten Sie diesen wählen. Diese Weine sind hervorragend, aber – wie alle Importgüter in Jordanien – auch teuer.
Dafür gibt es ***allerlei leckere Süßspeisen*** in Jordanien: Honigsüß und kalorienreich kommen sie daher, die *knafe*, eine

Beliebtes Getränk in Jordanien: heißer, frisch zubereiteter Tee

flache, heiße Mozzarella mit gerösteten Fadennudeln und Sirup, oder *busa arabiya*, köstliches ***Mastix-Vanilleeis im Pistazienmantel***. Mastix ist das aromatische Harz des Pistazienbaums. *Attaif* sind kleine, mit Nüssen oder einer Art Ricotta gefüllte Crêpes. Sie sind eine Spezialität des Fastenmonats Ramadan.

EINKAUFEN

Auf dem Hinflug nach Jordanien sollten Sie im Koffer etwas Platz lassen. Kleidung, Schuhe, Heimtextilien und Souvenirs können Sie gut und günstig kaufen. Badesalz, Masken und Cremes mit Wirkstoffen aus dem Toten Meer sind sehr beliebte Mitbringsel. Amman und die Freihandelszone Aqaba sind Shoppingparadiese. Meiden Sie aber in Aqaba die Einkaufszentren, dort gibt es fast nur chinesische Massenware. In Amman wiederum finden Sie preisgünstige Alternativen zu den teuren Malls auf dem Jabal Hussein (Duwar Firas). Falls Sie in der Stimmung sind, zu handeln: Fangen Sie bei etwa einem Drittel des verlangten Preises an. In einigen Geschäften können Sie Ihren Einkauf auf einem Taxfree-Formular quittieren lassen. Ab einer Mindeststeuersumme von ca. 60 JD erhalten Sie dann bei der Ausreise am Flughafen die Mehrwertsteuer zurück.

GEWÜRZE & KRÄUTER

Köstliche Souvenirs zum Verspeisen, die es so nur in Jordanien gibt, sind z. B. frische Gewürze vom Markt, Dattelkekse *(mamul bi-tamr)* oder frisch geröstete, individuell zusammengestellte und reisefertig verpackte Nuss-Kern-Mischungen (in Amman u. a. im *Safeways* bzw. etwas teurer am Flughafen). Typisch jordanisch-palästinensisch ist auch die Thymian-Sesam-Sumak-Kräutermischung INSIDER TIPP *zaatar*. Mit gutem Olivenöl verrührt schmeckt sie herrlich zu Salaten, auf Pizza oder zu Schafskäse.

KUNSTHANDWERK DER NACHBARLÄNDER

Viele Souvenirs in Jordanien kommen aus den Nachbarländern. Aus Syrien stammen die INSIDER TIPP Holzkistchen mit Intarsien (ab 5 JD) und die handgravierten runden Messingtabletts *(tabaq)*, meist mit arabischen Schriftzügen oder Tier- und Blumenmotiven: Die kleinen eignen sich zum Servieren, die großen als Beistelltisch (in Amman-Webdeh, am Paris-Platz und bei Al-Afghani). Ebenfalls aus Syrien kommen reich bestickte Tischdecken aus Baumwolle in vielen Farben und Größen. Aus Palästina (Hebron und Jerusalem) stammt der Großteil der in Jordanien angebotenen Schmuck-Gebrauchskeramik (ca. 4 JD für ein Snackschälchen, ca. 18 JD für eine Salatschüssel). Die hübschen Becher, Wandteller und Kuchenplatten in kräftigem Blau, Weiß, Rot, Rosa, Braun und Grün erin-

Bunte Sandflaschen, kulinarische Köstlichkeiten und arabische Kunst – Andenken aus Jordanien sind so schön wie originell

nern mit ihren Blumen- und Tiermotiven nicht zufällig an Produkte aus Kytachia in der Türkei. Von dort brachten Einwanderer Ende des 19. Jhs. das Handwerk und die Designs nach Palästina.

MUSIK, LITERATUR, KUNST

Die größte Auswahl an arabischen CDs sowie Büchern gibt es in Amman in der City Mall und – etwas bescheidener – in der Mekka Mall. Auch das *Books@Café* ist recht gut sortiert. CDs und DVDs in der Innenstadt sind wesentlich billiger, aber fast durchweg Raubkopien. Falls Sie moderne arabische Kunst kaufen möchten, sind die Orfali Gallery in Umm Utheina und die Galerie Dar Al Anda (Nähe Darat Al-Funun, Jabal Weibdeh) gute Adressen.

SANDFLASCHEN & MOSAIKKUNST

Mangels einer mittelalterlichen Stadtkultur mit der entsprechenden Handwerkstradition gibt es nur wenig authentisches Kunsthandwerk. Originell sind die farbig gefüllten Sandflaschen, meist mit Kamel- oder Oasenmotiven, auf Wunsch auch abstrakt gemustert. Ein Highlight ist Mosaikkunst aus Madaba. Nach antiken Tier- und Pflanzenmotiven werden von den Absolventen und Absolventinnen der Restauratorenschule z. B. Wandteller und Spiegelrahmen gearbeitet.

TEPPICHE

In dem Dorf Mukawir, ca. eine halbe Stunde von Madaba entfernt, werden die INSIDER TIPP einzigen echt jordanischen Teppiche gefertigt. Die Frauen vom Stamm der Bani Hamida weben an traditionellen Webstühlen Teppiche aus Schafwolle in kräftigem Rot, Türkis und Grün. Das Design der bis zu zwei mal drei Meter großen Objekte ist allerdings recht klobig und weit entfernt von der schlichten Eleganz traditioneller Beduinentextilien.

AMMAN

KARTE IM HINTEREN UMSCHLAG (120 C5) (*D5*) **Wer mit dem Flugzeug ankommt, startet in Amman für eine Rundfahrt durch Jordanien.**

Amman (3,5 Mio Ew.) ist eine der modernsten und saubersten Hauptstädte der Region. Die Häuser sind mit hellem oder rötlichem Kalkstein verklinkert, was der Stadt ein einheitliches Erscheinungsbild gibt. Insgesamt gibt es bislang immer noch relativ wenige Hochhäuser. Dafür breitet sich die Stadt, die ursprünglich auf sieben Hügeln angelegt wurde, in alle Richtungen aus und bedeckt mittlerweile mehr als zwanzig Hügel *(Jabal)*.

Von der Zitadelle aus lässt sich die Entwicklung der Stadt gut erkennen: Eine der Hauptverkehrsadern ist die Zahran Street, die vom 1st Circle, einem Kreisverkehr, bis zum 8th Circle führt. Das historische Stadtzentrum mit Verwaltungsgebäuden und Banken liegt im Tal unterhalb des 1st Circle. Von hier aus hat sich die Stadt westlich bis Wadi as-Sir erweitert, das hinter dem 8th Circle liegt. Jede Wegbeschreibung orientiert sich an diesen Kreiseln.

Dass Amman zu den ältesten Städten der Welt gehört, ist auf den ersten Blick schwer zu glauben. Denn abgesehen von den antiken Bauwerken und einigen Spuren des islamischen Mittelalters stammen die ältesten Häuser aus den 1920er-Jahren. Damals wurde die kleine Siedlung Amman am gleichnamigen Fluss zur inoffiziellen Hauptstadt Transjordaniens. Doch erste Spuren mensch-

Bild: Blick auf Amman und die Abdullah-Moschee

Metropole Amman zwischen Tradition und Moderne – eine der ältesten Städte der Welt lockt mit erstklassigen Restaurants und Cafés

licher Ansiedlungen gehen auf das 8. Jahrtausend v. Chr. zurück. Um 1200 v. Chr. war Rabbath-Ammon die Hauptstadt des Reichs der Ammoniter, woher auch der aktuelle Name abgeleitet ist. Bekannter wurde die Ansiedlung im 3. Jh. v. Chr. unter der Herrschaft Ptolemäus' II., als sie Philadelphia hieß.

In Amman gibt es sehr bedeutende und gut erhaltene archäologische Stätten. Doch die touristische sowie die allgemeine städtische Infrastruktur sind nach wie vor wenig entwickelt. Manche Pro-

CITY WOHIN ZUERST?
Zitadellenberg ***(Dschabal Al Qalaa)*** **(U E6)** ***(🕮 e6)***. Von hier haben Sie den besten Blick auf das Römische Theater und die Altstadt. Winken Sie eines der gelben Taxis heran – öffentliche Busse sind oft nur auf Arabisch bezeichnet. Den Mietwagen lassen Sie besser in der Hotelgarage, denn Parkhäuser sind schwer zu finden.

bleme ließen sich mit relativ geringen Mittel lösen. Es fehlen etwa öffentliche Aufzüge, um in höhergelegene Viertel zu gelangen. So wimmelt es in den Straßen von Taxis, und die Abgase der vielen Autos ziehen zwischen den Hügeln schlecht ab. Für Besucher sind die Taxis natürlich praktisch – Bus fahren ohne Arabischkenntnisse kann sehr abenteuerlich werden und ist nicht empfehlenswert, Taxis halten auf Handzeichen.

In der Balqa-Region westlich von Amman gibt es viele attraktive Ausflugsziele: etwa Wadi Sir, Fuheis und die Königsstadt ● Salt (s. S. 97).

Kolossale Größe: Säulen des Herkules-Tempels auf dem Zitadellenhügel

SEHENSWERTES

ABDALLAH-MOSCHEE (U C4) (*📖 c4*)

Die größte Moschee der Stadt wurde 1989 zu Ehren des ersten Herrschers des modernen Jordaniens gebaut. Frauen müssen im Inneren einen Umhang *(abaja)* tragen. *Sa–Do 8–11 Uhr | Eintritt inklusive Museum 2 JD, abaja 1 JD | Abdali*

AL-HUSSEIN-MOSCHEE (U E6) (*📖 e6*)

Die erst in den 1920er-Jahren von Emir Abdallah errichtete Moschee mit ihren zwei eleganten Minaretten ist das Wahrzeichen der Altstadt. Die Moschee wird von den Jordaniern besonders verehrt, weil hier schon der zweite Kalif Omar ibn al-Khatib (634–44) eine Moschee erbaute. Für Einzelreisende nur von außen zu besichtigen. *Al-Hashimi Street*

ARCHÄOLOGISCHES MUSEUM ★ (U E5) (*📖 e5*)

In dem kleinen Museum am Ende des Zitadellengeländes sind Exponate aus 10 000 Jahren Geschichte zu sehen. Gleich am Eingang sind in einer Vitrine einige Statuen aus Ain Ghazzal ausgestellt, Beispiele der weltweit ältesten Großplastiken in Menschenform aus dem 8. Jahrtausend v. Chr. Die Statuen wurden zufällig beim Bau einer Autobahn außerhalb Ammans gefunden; ihre Gesichter wirken ungemein lebendig. *Öffnungszeiten und Eintritt siehe Zitadelle*

INSIDER TIPP DARAT AL-FUNUN
(U E5) (*e5*)
Das „kleine Haus der Künste" ist eine Oase in Amman. Der aus mehreren historischen Gebäuden bestehende Komplex bietet einen Ausstellungsraum, Künstlerateliers, eine vorwiegend englischsprachige Mediathek und einen schönen Garten. Im kleinen Café, das über eine Treppe zu erreichen ist, hat man einen wunderbaren Ausblick. Am Springbrunnen kann es passieren, dass ein Musiker spontan seine Laute hervorholt und spielt. *Sa–Do 10–19 Uhr | Eintritt frei | Jabal Weibdeh, Nimer bin Adwan Street | www.daratalfunun.org*

DUKE'S DIWAN (U E5) (*e5*)
Künstlertreff und offenes Haus für jeden in einem Gebäude von 1924. Kaffee umsonst. Hausherr Mamdouh Bisharat serviert *knafe*, heißen Käse mit süßen Fadennudeln, wenn er zugegen ist. An den Wänden der sieben Räume viele Bilder und Fotografien von Amman aus der 1. Hälfte des 20. Jhs., Bücher, ab und an Ausstellungen. *April–Okt. Sa–Do 10–18, Nov.–März Sa–Do 10–17 Uhr | Eintritt frei | King Faysal Street 12*

JABAL AL-QALAA (ZITADELLE) ★
(U E5) (*e5*)
Vom Zitadellenhügel aus hat man einen schönen Überblick über die Altstadt mit dem Römischen Theater. Bei Sonnenuntergang ist Amman in weiches Licht gehüllt. Von hier oben können Sie auch gut einen Nationalsport der Jordanier beobachten, die Taubendressur: Hunderte von Tauben kreisen am frühen Abend über der Stadt, bevor sie in ihre Taubenschläge auf den Dächern zurückkehren. Das Gelände besteht aus Ruinenfeldern verschiedener Epochen. Links vom Eingang liegen die Reste des unter Marc Aurel erbauten Herkules-Tempels (2. Jh.). Nur einige kolossale Säulen erinnern noch an die einstige Größe des Bauwerkes. Hinter dem kleinen Museum am Ende eines Ruinenfeldes liegt das beeindruckendste Gebäude, der mächtige Eingangsraum des Omayyaden-Palastes aus dem 7. Jh. Das restaurierte Bauwerk ist der einzige Teil des Palastes, der ein Erdbeben kurz nach der Fertigstellung 749 überstand. *Einlass April–Okt. tgl. 7–18, Nov.–März tgl. 8–16 Uhr | Besichtigung April–Okt. tgl. 8–20, Nov.–März Sa–Do 8–17, Fr 9–17 Uhr | Eintritt 2 JD (inkl. Archäologisches Museum) | Führung auf Deutsch 15 JD/Stunde*

JORDAN MUSEUM (U D6) (*d6*)
Mehrere Tausend Quadratmeter Ausstellungsfläche, rund 2000 historische

MARCO POLO HIGHLIGHTS

★ Archäologisches Museum
Die Ain-Ghazzal-Statuen aus dem 8. Jahrtausend v. Chr. bezaubern mit ihren lebendigen Gesichtern → S. 34

★ Jabal al-Qalaa (Zitadelle)
Omayyaden-Palast und römische Ruinen in luftiger Höhe → S. 35

★ Nationalgalerie
Modernes Gesicht der arabischen Kunst → S. 36

★ Römisches Theater
Hervorragend erhaltenes Beispiel römischer Architektur aus dem 2. Jh. → S. 36

Fundstücke aus allen Teilen des Landes: Das Jordan Museum erzählt die Geschichte des jordanischen Staatsgebiets vom Paläolithikum bis zur Gegenwart. In Zusammenarbeit mit Partnerinstitutionen in aller Welt werden ambitionierte gegenwartsbezogene Ausstellungen gezeigt. *Mi–Mo 10–14 Uhr | Ras Al Ain | jordanmuseum.jo/en*

INSIDER TIPP KÖNIGLICHES AUTOMOBILMUSEUM (120 C5) (*Ⓜ D5*)
In der Ausstellungshalle wird die jüngere Geschichte Jordaniens anhand der Autos seiner Herrscher nachgezeichnet. Neben einigen Limousinen von Staatsgründer Abdallah I. sind vor allem die Staatskarossen und Sportwagen des „kleinen Königs" Hussein zu sehen, der mehr als 40 Jahre lang regierte. Historische Fotos und Videoclips zeigen ihn beim Besuch der Tscherkessengarde, beim Rennen im *Rumman Hill-Climb* und bei der Heimkehr aus den USA von seiner Krebsbehandlung kurz vor seinem Tod 1999. König Abdallah II. ist als Kind auf nachgebauten Sportwagen im Kleinformat zu sehen. *Mi–Mo 10–19 Uhr | Eintritt 3 JD | King Hussein Park, Abfahrt von der King Abdallah II. Street (früher Medical City Street), die vom 8th Circle Richtung Irbid führt | www.royalautomuseum.jo*

NATIONALGALERIE ★ (U C5) (*Ⓜ c5*)
Das Museum ist um einen Skulpturenpark mit Kinderspielplatz und japanischem Garten angelegt. Zu sehen sind moderne arabische Kunst und Werke westlicher Maler, die sich von der Region inspirieren ließen. *Sommer: Sa–Mo, Mi 9–19 Uhr, Winter: 9–17 Uhr | Eintritt 5 JD | Jabal Weibdeh | www.nationalgallery.org*

NYMPHÄUM (U E6) (*Ⓜ e6*)
Westlich des römischen Theaters liegt der Prachtbrunnen, der Ende des 2. Jhs. errichtet wurde. Heute ist nur noch eine monumentale Steinmauer vorhanden, die früher die Rückseite des Brunnens bildete. *Hinter der Al-Hussein-Moschee*

RÖMISCHES THEATER ★
(U F5) (*Ⓜ f5*)
Hervorragend erhaltenes und restauriertes Theater im Zentrum der Ammaner Altstadt, gebaut im 2. Jh. an den Berg Al-Taj. Es konnte 6000 Zuschauer aufnehmen. Seine gute Akustik können Sie im Sommer bei Konzerten erleben. *Sa–Do 8.30–19, Fr 10–16 Uhr | Eintritt 1 JD inklusive Folkloremuseum und Museum für Volkstradition | Al-Hashimi Street*

VILLENVIERTEL (U E6) (*Ⓜ e6*)
In diesem Stadtviertel aus den 1930er-Jahren können Sie durch die neuere Geschichte Jordaniens spazieren. Es liegt am Ende der Rainbow Street, die vom 1st Circle in östlicher Richtung abgeht. Hier hat die politische Elite des britischen Mandatsgebiets Transjordanien ihre Häuser gebaut, hier steht auch das Geburtshaus König Husseins. *Jabal Amman*

ESSEN & TRINKEN

AL-QUDS (JERUSALEM) RESTAURANT (U E5) (*Ⓜ e5*)
Einfache, traditionelle arabische Küche und hervorragende Süßspeisen, z. B. das Mastix-Eis im Pistazienmantel. Eine Institution in Amman für Einheimische und Touristen. *Tgl. | Altstadt, am Anfang der King Hussein Street | Tel. 06 4 63 01 68 | €*

ARARAT (U D6) (*Ⓜ d6*)
Die Armenier sind eine kleine Minderheit in Jordanien, aber sie prägen das Land und die Kultur. Serviert werden Köstlichkeiten der armenischen Küche wie z.B. *manti* (Tortellini in Joghurtsoße) oder Kebab mit Kirsch-Chutney. *Tgl., Reservierung*

auch für Gruppen möglich | Jabal Amman | Rainbow Street | www.ararat-jo.com | Tel. 06 4 60 10 97 | €€

INSIDER TIPP **BOOKS@CAFÉ**
(U E6) (*e6*)
Buchladen mit Internetplätzen, in dem Sie Reiselektüre in verschiedenen europäischen Sprachen secondhand kaufen können. Im ersten Stock befindet sich ein Caférestaurant mit großer Terrasse und weitem Ausblick. *Tgl. | Omar Bin al-Khattab Street 12 (geht von der Rainbow Street ab) | Tel. 06 4 65 04 57 | www.booksatcafe.com* | €€

CAFÉ WILD JORDAN
(U E6) (*e6*)
Das Restaurant bietet einen tollen Blick auf die Altstadt und die Zitadelle. Im modernen und sehr ansprechenden Gebäude sind auch die Büros der Königlichen Gesellschaft für Naturschutz (RSCN) untergebracht und ein Laden, in dem man Produkte der Gesellschaft kaufen kann. *Tgl. ab 9 Uhr | Osman bin Affan Street (Abzw. Rainbow Street) | Tel. 06 4 63 35 42 | www.wildjordancafe-jo.com* | €€

FAKHR ED-DIN (U D5) (*d5*)
Eines der besten arabischen Restaurants in Amman (libanesische Küche) in einer elegant restaurierten Villa aus den 1950er-Jahren, mit Garten. *Tgl. | Taha Hussein Street | 1st Circle, hinter der irakischen Botschaft | Tel. 06 4 65 23 99* | €€–€€€

JAFRA CAFÉ (U E5) (*e5*)
Bei Mokka und *shisha* lockt der neueste Klatsch, es gibt Lesungen und andere Kulturevents. *Tgl. | Downtown, breiter Hauseingang gegenüber der Post, 1. Etage | Tel. 06 4 62 25 51* | €–€€

INSIDER TIPP **JARA CAFÉ**
(U D6) (*d6*)
Café-Restaurant für (fast) jede Tageszeit mit weitläufiger Terrasse, gemütlichen Sitzgelegenheiten und toller Aussicht auf Jabal Weibdeh. Alkoholfreie Cocktails. *Tgl. | Rainbow Street (Schild gegenüber v. British Council) | Tel. 079 5 07 80 33* | €€

Kaffee, Bücher aus zweiter Hand, Internet – das Books@Café macht Reisende glücklich

REEM AL-BAWADY ● (120) *(🕮 D5)*
Riesige Säle mit traditionellem Dekor, in denen arabische Speisen an runden Tischen serviert werden. Wasserspiele, Zelte und Beduinensofas. Beliebt bei Touristengruppen und einheimischen Familien. *Tgl. | Tla'al-Ali-Viertel, Mohamed al-Fayad Street | Tel. 06 5 51 54 19 und Tel. 06 5 51 20 30* | €–€€

INSIDER TIPP **SHAMS EL BALAD CAFÉ**
(U E6) *(🕮 e6)*
Ob Salate, arabische Pizzen, Kuchen oder Desserts: Hier schmeckt alles lecker. Die Zutaten kommen aus lokalem Bio-Anbau, das kostenlos zum Essen servierte Wasser gefiltert aus der Leitung. Plastikflaschen und Verpackungsmüll sind tabu. Starkes WiFi, größere Gruppen finden im weitläufigen Außenbereich Platz. *Tgl. 8–22 Uhr | 69 Mu'ath bin Jabal Street | Tel. 06 4 65 11 50* | €–€€

EINKAUFEN

AL-BURGAN FOR HANDICRAFT
(U C5) *(🕮 c5)*
Bestickte Tischdecken, Stoffe, Leinenwaren und teilweise alte Möbel gibt es in diesem Familienbetrieb hinter dem Hotel Intercontinental. *12 Tala't Harb Street, 2nd Circle, Jabal Amman | www.alburgan.com*

ALTSTADT (U E–F5–6) *(🕮 e–f5–6)*
Außer einem kleinen Goldmarkt gibt es hier die üblichen Mitbringsel wie Wasserpfeifen, Musikinstrumente und Ledertaschen.

INSIDER TIPP **BALIAN CERAMICS**
(U E6) *(🕮 e6)*
Die armenische Familie Balian brachte 1920 osmanische Keramikkunst nach Jerusalem. In der Filiale in Amman kann man z. B. Türschilder und Trinkbecher kaufen und beschriften lassen. *Rainbow Street 8, Jabal Amman | www.armenianceramics.com*

JORDAN RIVER FOUNDATION (U E6) *(🕮 e6)*
Gewebte Teppiche, bestickte Tischdecken, Kunsthandwerk und Kosmetika finden Sie in den Verkaufsräumen der Stiftung, die überall im Land Werkstätten unterhält. *Vom 1st Circle kommend links ab von der Rainbow Street | www.jordanriver.jo*

LAWRENCE VON ARABIEN

Der Abenteurer Thomas Edward Lawrence (1888–1935), bekannt als Lawrence von Arabien, ist heute in Jordanien fast vergessen. Das mag daran liegen, dass er in seiner Autobiografie „Die sieben Säulen der Weisheit" die haschemitische Dynastie wenig schmeichelhaft beschreibt. Doch im Westen lebt die Legende weiter. Der in Oxford geborene Orientalist, Soldat, Archäologe und Schriftsteller war als britischer Verbindungsoffizier zur Armee Faisals, des späteren Königs von Irak, gestoßen, dessen Vater Sherif Hussein im Ersten Weltkrieg die Revolte gegen die Türken ausgerufen hatte. Lawrence trug dazu bei, dass die arabischen Stämme kooperierten und einen Guerillakrieg führten. Der erste große Sieg war die Einnahme von Aqaba 1917. Doch die Araber fühlten sich verraten, weil sie von den Briten nicht das versprochene Großreich erhielten.

SHOPPING MALLS
Moderne, klimatisierte Einkaufszentren mit internationalen Designermarken und Textilkettenn. Das größte Angebot solcher Markengeschäfte bietet die *City Mall* (120 C5) (*D5*) *(gegenüber dem King Hussein Park, unweit vom*

Nein, kein gelandetes Ufo: Die klimatisierte City Mall ist Shopping-Fluchtpunkt vor der Hitze

8th circle). Auch gut sortiert und zentraler gelegen ist die ähnliche *Taj Mall* (U A6) (*a6*) *(Abdoun)*. *www.citymall.jo*

INSIDER TIPP **ZALATIMO BROTHERS**
(U D4) (*d4*)
Familie Zalatimo macht in zwei Filialen die besten Kekse der Stadt. In dekorativen Metalldosen sind sie reisegerecht verpackt. *Abdali, Jawharat Al-Quds Building | Shmeisani, Abdel Hamid Sharaf Street | www.zalatimo.com*

FREIZEIT & SPORT

JOGGING (U C2) (*c2*)
Wer nicht auf Asphalt laufen möchte, kann auf den unter Pinienbäumen angelegten INSIDER TIPP Joggingpfad in der Sports City (gegenüber der Basketballhalle) ausweichen. Biegen Sie an der Ecke des Royal Cultural Center von der Al-Malakah Alia Street rechts ab, machen Sie nach 300 m eine Kehrtwende, und nehmen Sie den Eingang auf der rechten Seite. *Harun al-Rashid Street | Eintritt frei*

TÜRKISCHES BAD (U E6) (*e6*)
Hier finden Sie Erholung pur nach einem Stadtrundgang: Das traditionelle türkische Bad *Al-Pasha* verfügt über Dampfbad und Sauna. Lassen Sie sich mit Luffa-Schwämmen schrubben, stecken Sie Ihre Beine in ein kaltes Wasserbecken und trinken Sie Hibiskussaft. Auch Massagen sind möglich. *Badeanzug nötig, Zeiten für Frauen, Männer und gemischte Gruppen | Ali Mahmud Taha Street Abzw. Rainbow Street | Eintritt 25 JD | Anmeldg.: Tel. 06 4 63 30 02 | www.pashaturkishbath.com*

AM ABEND

ABDOUN CIRCLE (U A–B6) (*a–b6*)
Das Villenviertel Abdoun ist die Ausgehmeile der Upper-Class-Jugend. Wasser-

pfeifen in allen Geschmacksrichtungen bietet das *TcheTche*. Im leicht dämmrigen *Blue Fig* spielen Live-Bands. Im *Flow* nahe der Taj Mall legen donnerstags und freitags internationale DJs auf.

(Jabal Weibdeh) (U E5) *(🗺 e5)*, im *Royal Cultural Center (Shmeisani | Al-Malika Alia Street | Tel. 06 5 66 10 26) | www.rcc.gov.jo* (U B2–3) *(🗺 b2–3)* und im *Al Hussein Cultural Center (Ras Al Ain)* (U D6) *(🗺 d6)*.

Orientalische Gassen und Basar? Fehlanzeige in der modernen Hauptstadt Amman

KINO, THEATER & KONZERTE

Unter INSIDER TIPP *beamman.com/calendar* finden Sie die aktuellen Tagestermine für Konzerte, Kino, Theater. Kinos zeigen meist Hollywood-Produktionen und ägyptische Komödien. *Galleria am Abdoun Circle* (U A6) *(🗺 a6)* | *Centurys im Zara-Center hinter dem Hyatt Hotel am 3rd Circle* (U C5) *(🗺 c5)* | *Grand Theatres* in der *Mecca Mall | Mecca Street* (120 C5) *(🗺 D5)*

Theater und Konzerte gibt es in ausländischen Kulturinstituten wie dem *Goethe-Institut (Jabal Amman | Abdel Mun'im Al Rifa'i Street 5 | www.goethe.de)* (U C5) *(🗺 c5)* oder in privaten Zentren wie dem *Al Balad Theatre (Jabal Amman)* (U E5) *(🗺 e5)* und *Makan*

PUBS

Rockmusik hören, Sport gucken und Bier trinken – rustikale Pubs liegen in Amman im Trend. Im *Murphy's Pub (Umm Uthaina | Shat Al Arab Street 17)* (O) gibt es dienstags Live-Rockmusik bekannter und neuer Bands, außerdem kann man Pool Billard. spielen. Im *Queen Vic Pub (Ali Nasuh Al Tahir 24 | www.thequeenvic.co)* (O) treffen sich unter anderem Rugby-Fans zum Spiele schauen. Ins *Brick Lane (Mahoud Alabidi Street 23)* (O) geht man zum Essen.

INSIDER TIPP VINAIGRETTE

(U B3) *(🗺 b3)*

Restaurant und Club. Super Sushi, tolle Aussicht auf die City. *Shmeisani | Seiten-*

eingang Al-Qasr Metropole Hotels | Reservierung nötig | Tel. 06 56 20 52 83 21 | €€

ÜBERNACHTEN

ARTHOTEL (U E5) (*🕮 e5*)
Zentrale Lage Downtown, cool-minimalistisches und doch gemütliches Design. Aktuell eines der besten Mittelklassehotels in Jordanien. Alle Zimmer mit Bad/WC, TV, Klimaanlage und Kühlschrank. Highlights sind der weitläufige Wintergarten auf der 4. Etage und die Außenterrasse, von der man auf die Kulisse des Jabal Amman schaut. Die Zimmer zur Straße haben geräuschdämpfende Doppelfenster. *40 Zi. | King Faisal Street 32/Ecke King Hussein Street, Eingang etwas zurückgesetzt | Tel. 06 4 63 89 00 oder 0791111111 | www.arthoteljordan.com | €€*

INTERCONTINENTAL (U C5) (*🕮 c5*)
Klassiker unter den Fünfsternehotels. Treffpunkt von Politikern, Diplomaten und Journalisten. Hervorragender Service. *478 Zi. | Zahran Street, zwischen 2nd und 3rd Circle | Tel. 06 4 64 13 61 | www.amman.intercontinental.com | €€€*

JORDAN RIVER HOTEL (U E5) (*🕮 e5*)
Von außen wirkt das Hotel etwas schäbig, aber lassen Sie sich nicht in die Irre führen. Die 2014 renovierten Zimmer und Bäder sind geräumig, gefliest und sauber. Hany und Leila lesen ihren Gästen jeden Wunsch von den Augen ab. Der Frühstücksraum ist etwas klein, aber das Frühstück selbst sehr gut. *20 Zi., z. T. mit Gemeinschaftsbad | King Hussein Street 51, 3. Etage (Aufzug ab 1. Etage) | Tel. 079 5 45 63 11 | auf Facebook | €*

JORDAN TOWER HOTEL (U F5) (*🕮 f5*)
Freundlich geführtes, preisgünstiges Hotel direkt am Römischen Theater, geflieste Böden, WiFi gratis, per Internet buchbar. *17 Zi. | Tel. 06 4 61 41 61 | Hashemiya Street 48 | www.jordantoweramman.com | €–€€*

AUSKUNFT

JORDAN TOURISM BOARD
(U A5) (*🕮 a5*)
Tunis Street, zwischen 4th und 5th Circle | Call Center Tel. 06 5 00 80 81 | www.visitjordan.com

LOW BUDG€T

Das Gästehaus der Theodor-Schneller-Schule, 10 km nordöstlich von Amman *(neben dem Marka-Camp)* bietet eine tolle Übernachtungsalternative. Kinder können in den Grünanlagen, auf dem Spielplatz und im Seilgarten spielen. Den Gewinn verwendet die Schule für die Ausbildung von Jungen aus benachteiligten Familien. (Frühzeitige) Reservierung notwendig. *20 Zi. | Tel. 05 3 61 61 03 | www.ems-online.org*

Touristen stöbern gern auf Ammans größtem Secondhandmarkt. Neben Kleidung kann man günstig essbare Souvenirs erstehen, z. B. Gewürze, Kräuter oder feine Weizengrütze. *Fr | Abdali-Platz* **(U C–D4)** (*🕮 c-d4*)

Die Royal Film Commission residiert in einer Gründerzeitvilla auf dem Jabal Amman. Geboten wird u. a. ein internationales Filmprogramm, abends auch als Freiluftkino. *Mango Street 5 | Tel. 06 4 64 22 66 | Eintritt frei | www.film.jo* **(U E6)** (*🕮 e6*)

DER NORDEN

Am grünsten ist Jordanien im bergigen Norden. Rund um Ajloun, Irbid und Umm Qais fallen bis zu 600 mm Niederschlag pro Jahr, und im Winter kann es in der mediterran anmutenden Landschaft sogar schneien.

Im Frühling wandern Sie auf den Hügeln durch ein Meer bunter Wiesenblumen. Oliven- und Mandelbäume, sogar einige Wälder aus Eichen und Föhren spenden wohltuenden Schatten. Schon in der Antike war diese wasserreiche Gegend heiß begehrt – davon zeugen die zahlreichen Überreste bedeutender römischer Städte, allen voran Gerasa (Jerash) und Gadara (Umm Qais). An die Auseinandersetzungen mit den Kreuzfahrern im Mittelalter erinnert die mächtige Festung von Ajloun.

AJLOUN

(120 B3) (C4) **25 km nordwestlich von Jerash liegt Ajloun (20 000 Ew.), in dessen Zentrum eine alte Moschee mit elegantem Minarett zu sehen ist.**

Berühmt ist Ajloun jedoch für seine Burg, die außerhalb der Stadt auf einem Berggipfel liegt.

SEHENSWERTES

QALA'AT AR-RABAD ★

Schon von Weitem ist die mächtige Festung Qala'at ar-Rabad über dem Städtchen Ajloun zu sehen. Die von einem General und Neffen des arabischen Feldherrn Salah ed-Din 1184/85 erbaute

Bild: Festung Qala'at ar-Rabad bei Ajloun

Begegnungen mit der Weltgeschichte im Norden Jordaniens – in einer Römerstadt und einer mittelalterlichen muslimischen Festung

Burg ist eines der schönsten Beispiele der islamischen Militärarchitektur im Mittleren Osten. Trotz ihrer fast uneinnehmbaren Lage stürmten die Mongolen die Burg 1260 und plünderten sie. Die Mamelucken banden die Festung in eine Kette von Burgen und Posten ein, die es ermöglichte, innerhalb von zwölf Stunden per Lichtzeichen oder Brieftaube Nachrichten von Kairo bis nach Damaskus oder nach Bagdad zu senden. *So–Do 8–18, Fr 8–17 Uhr | Eintritt 1 JD | Besucherzentrum Tel. 02 6 42 01 15*

ESSEN & TRINKEN

AL-JABAL RESTAURANT

Von der großzügigen, 2015 neu gestalteten sonnengeschützten Terrasse genießen Sie einen phantastischen Blick auf die Burg und die sanften Hügel der Umgebung. Vor allem nachmittags ist das Farbenspiel aus sandfarbenen Felsen, grünen Aleppokiefern und stahlblauem Himmel berückend. Innen haben die freundlichen Besitzer das Retsurant mit Holzmöbeln gemütlich eingerichtet,

Irbid ist Universitätsstadt und das Verwaltungszentrum des Nordens

sowohl bei großer Hitze als auch bei kühlem Winterwetter ist es eine gute Adresse. Einfaches, leckeres arabisches Essen und internationale Küche. *Tgl. | Ajloun-Jordan Al Qala'a Street | Tel. 02 6 42 20 22 oder 02 6 42 09 91 | www.jabal-hotel.com* | €€

RESTAURANT IM BESUCHERZENTRUM

Im neu gestalteten Besucherzentrum unterhalb der Burg geben Frauen den Ton an: Die Al Yasmin Group, eine Kooperative für biologische Landwirtschaft, hat das Lokal gemietet. Die junge Geschäftsführerin Omayma Al Momani kümmert sich nicht nur um das Speisenangebot und um den Verkauf lokaler Produkte aus biologischem Anbau, sie informiert auch engagiert und kompetent über die Projekte und die Region. Das Restaurant bietet schmackhafte arabische Küche. *Tgl. 8–22 Uhr | Visitor's Center | Tel. 079 9 06 22 10* | €€

ÜBERNACHTEN

INSIDER TIPP AJLOUN FOREST LODGE

Die originellste Übernachtungsmöglichkeit ist die Forest Lodge der Königlichen Gesellschaft für Naturschutz. Unter Eichen und Aleppokiefern übernachten Sie in rustikalen Pfahlbauten mit Zeltdach oder komfortablen Holzbungalows. Reichhaltiges jordanisches Frühstück mit lokalen Produkten. Bei Wandertouren besuchen Sie arabische Kalligrafen, Keksbäcker und Seifenhersteller und können teilweise bei der Produktion zuschauen. Selbst ausprobieren und mithelfen ist manchmal möglich. 5 km hinter Ajloun auf dem Weg nach Irbid geht es links ab, das Naturschutzgebiet *Ajloun Nature Reserve* ist ausgeschildert. *10 Hütten mit bis zu 3 Betten (April–Okt.), 5 Chalets mit maximal drei Betten (ganzjährig) | Tel. 02 6 47 56 73 oder über die RSCN in Amman, Tel. 06 4 61 65 23 | short.travel/jor6* | €€

INSIDER TIPP GÄSTEZIMMER UND CAMPINGPLATZ IN AL AYOUN
Über die asphaltierte Landstraße erreichen Sie die landschaftlich wunderschön gelegene Gemeinde Al Ayoun (ca. 17 km nördlich) mit schönen Wanderwegen, Höhlen und Kletterstellen (Informationen im Wanderführer „Al Ayoun Jordan" von Tony Howard und Di Taylor). Die Bewohner von Al Ayoun, Rasoun und Orjan bieten Gästezimmer mit Frühstück und/oder Vollpension sowie Unterbringung in Zelten. Die Unterkünfte sind einfach, aber vergleichsweise günstig. *8 Zi. (nicht alle im gleichen Ort), 4 Zelte im Rasoun Camp, jeweils für 2–4 Personen | Reservierung Tel. 077 2 21 96 04 | www.rasouncamp.com | €€*

AL-JABAL CASTLE
Einfaches Hotel mit Bädern in den Zimmern. Von den Balkons hat man teilweise einen Blick auf die Burg. *20 Zi. | Al-Qalaa Street | Tel. 02 6 42 02 02, Tel. 02 6 42 09 91 | www.jabal-hotel.com | €€*

IRBID

(120 C2) (*D3*) **Die Stadt mit ihren rund 600 000 Einwohnern ist das Verwaltungszentrum des Nordens und Sitz der Yarmuk-Universität mit mehreren zehntausend Studierenden aus der gesamten Region.**

Traditionell ist Irbid ein sehr ruhiger Ort. Durch den Krieg im wenige Kilometer entfernten Syrien, den Zuzug zehntausender syrischer Flüchtlinge und aufgrund der Präsenz von immer mehr internationalen Organisationen hat sich der Alltag in der Stadt verändert. Neue Hotels, Restaurants und Cafés sind hinzugekommen. Zudem wurden in den vergangenen Jahren einige historische Gebäude renoviert und für den Tourismus geöffnet.

SEHENSWERTES

BEIT ARAR
Historisches Wohnhaus im Damaszener Stil mit einem mit Naturstein gepflasterten Innenhof. Fotos und Dokumente informieren über Arar alias Mustafa Wahbi At-Tall, Jordaniens bedeutendsten Dichter des 20. Jhs. *Tgl. 8–15 Uhr | Eintritt frei | Tel. 079 9 05 54 62 (Direktor Samir Ibrahim)*

INSIDER TIPP DAR SARAYA
In dem pittoresken Gebäude aus dem 19. Jh. gegenüber der Municipality/Baladiya residierten einst die Gouverneure der Osmanen. Später war hier ein Gefängnis untergebracht. Seit 2007 beherbergt der Palast eine Dauerausstellung über die Geschichte Irbids. Das Haus ist sehr gepflegt, die Ausstellung sorgfältig auch auf Englisch dokumentiert. *April–Okt. tgl. 8–18, Nov.–März tgl. 9–17 Uhr | Eintritt frei*

MUSEUM OF JORDANIAN HERITAGE
1984 mit deutscher Unterstützung gestaltet. Highlight sind die 9000 Jahre alten

MARCO POLO HIGHLIGHTS

★ **Qala'at ar-Rabad**
Die Burg von Ajloun – hier boten die Araber den Kreuzrittern Paroli → S. 42

★ **Umm Qais (Gadara)**
Über die Reste der einst mächtigen antiken Stadt hinweg haben Sie einen phantastischen Blick bis nach Israel und Syrien → S. 47

★ **Jerash**
Eine der besterhaltenen römischen Städte der Welt, die Wirtschaftszentrum der Provincia Arabica war → S. 47

Statuen aus Ain Ghazal, eine der ältesten Siedlungen der Menschheit. Von Amman aus kommend biegen Sie am Kreisverkehr beim Sportstadion links ab, dann nach 500 m nach rechts um das Stadion herum. Noch einmal 500 m weiter links treffen Sie auf ein Schild. Die Mitarbeiter am Tor helfen weiter. *So–Do 10–13.45 und 15–16.30 Uhr | Eintritt frei | Institute of Archaeology & Anthropology, Yarmouk University | www.yu.edu.jo*

Weit geht der Blick von jenem Ort, an dem einst die Stadt Umm Qais stand

ESSEN UND TRINKEN

AL-HARAM CAFÉ

Beliebter Treffpunkt für Studenten und junge Reisende, Glasdach in Pyramidenform. *Tgl. 10.30–1 Uhr | University Street* | €

INSIDER TIPP MANGO RESTAURANT UND CAFÉ

Sauber, hübsch eingerichtet, leckeres Essen und auch noch preisgünstig. Hier bekommen Sie Sandwiches, überbackene Schnitzel mit Pommes und Salat, Obstsäfte und Cappuccino. Gleich nebenan backt der Mango-Konditor hitverdächtige Aniskipferl und Ingwerkekse nach deutschen Rezepten. Beliebt bei Studenten, auch für Gruppen geeignet. *Tgl. 11–23 Uhr | Tel. 02 7 27 25 28 | University Street (Shafeeq Irsheidat Street)* | €

NEWS CAFE

Beliebte Location für einen Espresso oder ein abendliches Beisammensein: Milchshakes, Pizza, *shisha* und jede Menge junge Leute. *Tgl. | Am Al-Joude Hotel* | €

ÜBERNACHTEN

MURSHED MOTEL

Sehr schön gelegenes, realtiv neues Hotel im nördlichen Jordantal, mit Seeblick, Vollpension, großen Zimmern mit Kühlschrank, großer Terrasse und Familienanschluss. Ca. 20 Autominuten von Irbid Richtung Jordantal. *4 Zi. | an der Straße Nr. 10 von Irbid nach Deir Alla (ausgeschildert) | Tel. 07 7741 8703* | €€

NAHAS PLAZA

2013 eröffnetes Mittelklassehotel. Der Besitzer Munir Nahas hat Pionierarbeit geleistet: helle, saubere Apartments und Suiten mit Küchenzeile, gefliesten Böden, Klimaanlage und WiFi. Apartment mit Terrasse. Gut für Familien und Gruppen. *40 Zi. | Shafik Irsheidat Street | Tel. 02 726 9004 | www.nphotelssuites.com | €€*

7 DAYS HOTEL

Mittelklassehotel. Von außen etwas unpersönlich, innen durchaus ansprechend. Ahmad Slim hilft ihnen gern bei der Orientierung. Apartments und Suiten mit Kochgelegenheit und Klimaanlage. WiFi und Indoor Swimming Pool. *45 Zi. | University Circle | Tel. 02 725 5021 | Sevendays_hotel@hotmail.com | €€*

ZIEL IN DER UMGEBUNG

UMM QAIS (GADARA) ★

(120 B2) (*M C3*)

Beim Ausflug in das 30 km entfernte Dreiländereck im äußersten Nordwesten Jordaniens haben Sie von der Anhöhe, auf der die Ruinen der Stadt Umm Qais stehen, eine phantastische Aussicht: auf die Golanhöhen in Syrien, über den See Genezareth nach Israel und ins Jordantal. Am Fuß einer osmanischen Siedlung liegen die *Ruinen (tgl. 8–18 Uhr | Eintritt 4 JD | Museum Mi–Mo 8–17 Uhr | Eintritt frei | Touristenpolizei Tel. 02 750 0134)* der antiken Stadt Gadara. Wahrscheinlich um 300 v. Chr. von den Griechen gegründet, war sie später eine der wichtigsten Städte der Dekapolis: Die Handelswege nach Norden führten hier vorbei. Die Größe des Ruinengeländes vermittelt einen Eindruck davon, wie mächtig Gadara einst gewesen sein muss. Das beeindruckende *Theater* aus schwarzem Basaltstein fasste einst 3000 Menschen. Ein weiteres erstaunliches Bauwerk befindet sich unter der Erde: Vor einigen Jahren haben Archäologen hier die längste unterirdische Wasserleitung der Antike entdeckt. Lassen Sie sich unbedingt im Restaurant INSIDER TIPP *Resthouse (tgl. | Tel. 02 750 05 55 | www.romero-jordan.com | €€)* in der Ruinenanlage nieder – der Blick von der Terrasse auf die Golanhöhen und den See Genezareth ist einmalig. Gute arabische Küche.

JERASH

(120 C3) (*M D4*) ★ **Jerash, das antike Gerasa, gilt als die weltweit besterhaltene römische Siedlung. Nach Petra ist sie die zweitwichtigste Touristenattraktion in Jordanien.**

Die Ruinen liegen etwa 50 km nördlich von Amman und können gut bei einem Tagesausflug besucht werden. Die aus rosa-orangefarbenem Kalkstein erbaute Stadt lag an einer der wichtigsten Handelsrouten der Antike. Umstritten ist, ob

LOW BUDG€T

Speisen wie in der Toskana: Das *Lebanese House Umm Khalil* in Jerash **(120 C3) (*M D4*)** bietet inmitten einer wunderschönen mediterranen Landschaft hervorragende levantinische Küche zu sehr günstigen Preisen. Highlight: die große Außenterrasse. *Jerash-Dibbeen, an der Ausfallstraße nach Ajloun | Tel. 02 6 35 13 01 | www.lebanese-house.com*

Auf der Route von Jerash nach Norden verkaufen Bauern am Straßenrand meist exzellente getrocknete Früchte und Gemüse zu günstigen Preisen *(3–6 JD pro Kilo)*. Getrocknete Tomaten und Feigen sind prima Mitbringsel!

Gerasa von Alexander dem Großen oder einem seiner Feldherren gegründet wurde. Ihre Blütezeit erlebte die hellenistische Stadt jedoch unter römischer Herrschaft im 2. und 3. Jh.
Der Besuch von Kaiser Hadrian 129 n. Chr. führte zu einem großen Bauboom, die Stadt wurde zum Wirtschaftszentrum der Provincia Arabica. Zu ihren Glanzzeiten lebten 20 000 Menschen in Gerasa. Unter byzantinischer Herrschaft begann der Verfall, und im 9. Jh. wurde die Stadt endgültig verlassen. Doch in jedem Sommer wird sie zu neuem Leben erweckt: In den beiden Theatern werden Opern gespielt und Konzerte gegeben.

SEHENSWERTES

Die Sehenswürdigkeiten werden in der Reihenfolge des üblichen Rundgangs vorgestellt *(sofern nicht anders angegeben: April–Sept. tgl. 8–18, Okt.–März tgl. 8–16.30 Uhr | Eintritt 10 JD | Besucherzentrum am Südtor | Tel. 02 6 35 12 72).*

TRIUMPHBOGEN

Vom Parkplatz aus stehen Sie zunächst vor dem Triumphbogen, erbaut 129 n. Chr. für Kaiser Hadrian. Das Bauwerk befand sich außerhalb der 3,5 km langen Stadtmauer. Von hier gehen Sie am Hippodrom entlang Richtung Südtor.

SÜDTOR

Am Südtor befinden sich das Besucherzentrum, ein Restaurant und der Eingang. Das Tor aus dem 2. Jh. weist am Fuß seiner Säulen feine Steinmetzarbeiten in Blätterform auf. Links hinter dem Eingang steht eine Olivenpresse aus dem 3. Jh.

OVALES FORUM

Hinter dem Südtor liegt das Ovale Forum, dessen ungewöhnliche Form den Archäologen Rätsel aufgegeben hat. Vermutlich wollte man den Zeus-Tempel mit dem römischen Nordtheater am anderen Ende der Stadt durch eine Nord-Süd-Achse verbinden. Der Zeus-Tempel wurde auf einem Hügel erbaut, der bereits seit Jahrhunderten zur Götterverehrung genutzt wurde.

MUSEUM

Hier werden viele interessante Fundstücke ausgestellt: Schmuck, Geldstücke und Theaterkarten aus gebranntem Ton. *April–Okt. tgl. 8.30–19, Nov.–März tgl. 8.30–16, Feiertage 10–15 Uhr | Eintritt frei*

ZEUS-TEMPEL

Links auf einem Hügel liegt der Zeus-Tempel, zu dem früher eine große Treppe hinaufführte. Er wurde im 2. Jh. auf den Ruinen eines griechischen Tempels erbaut und ist heute relativ stark zerstört.

SÜDTHEATER

Das gut restaurierte Theater mit 32 Sitzreihen konnte etwa 5000 Zuschauer aufnehmen. In den ersten Reihen sind teils die Namen von Spendern eingraviert. Am besten können Sie das Theater bewundern, wenn Sie die Stufen hinaufsteigen. Von hier haben Sie einen INSIDER TIPP weiten Blick auf die antike Stadt und Jerash. Bühne und Eingänge sind im korinthischen Stil geschmückt.

CARDO MAXIMUS

Vom Ovalen Forum geht die Hauptachse der Stadt ab, eine 800 m lange Allee, die von 200 zumeist korinthischen Säulen gesäumt wird. Die original erhaltene Pflasterung ist uneben, weil darunter das Abwassersystem verläuft. Die von den Holzrädern römischer Karren im Stein hinterlassenen Furchen sind deutlich zu erkennen. Entlang dieser Prachtstraße liegen die wichtigsten Bauwerke, vor der ersten Kreuzung eine runde *Agora,* ein Marktplatz, dahinter die sakralen Bauten.

KATHEDRALE
An der Stelle eines Dionysus-Tempels wurde im 4. Jh. eine Kathedrale errichtet. Achten Sie auf den Schrein mit der Jungfrau Maria und den Erzengeln Gabriel und Michael am Fuß der Treppe.

NYMPHÄUM
Von dieser zweistöckigen Brunnenanlage aus dem 2. Jh. ist die monumentale Fassade erhalten. Sie war im unteren Teil mit grünem Marmor, im oberen mit bemaltem Stuck verziert.

ARTEMIS-TEMPEL
Dieser gut erhaltene und mächtige Tempel war der Schutzgöttin der Stadt gewidmet und Teil einer großen Anlage. Treppen führen hinauf in das, den Priestern vorbehaltene Allerheiligste. Mit seinen Ausmaßen (23 mal 40 m) war der Tempel eines der wichtigsten Bauwerke der Stadt.

DREI-KIRCHEN-KOMPLEX
Hinter dem Tempel finden sich drei der mehr als 153 Kirchen, die nach der Christianisierung errichtet wurden. Von 529 bis 533 erbaut, sind sie Johannes dem Täufer, Georg, Cosmas und Damian gewidmet. Sehenswert sind die restaurierten Bodenmosaiken in der *Cosmas-und-Damian-Kirche* und in der *Johanneskirche*.

NORDTHEATER
Das nicht restaurierte Theater fasste etwa 1600 Zuschauer. Nehmen Sie als Rückweg zum Südtor den auf einer Anhöhe gelegenen INSIDER TIPP Feldweg, der westlich vom Nordtheater und hinter dem Artemis-Tempel durch Wiesen führt.

ESSEN & TRINKEN

RESTHOUSE
Das direkt am Südtor gelegene Restaurant ist auf Reisegruppen eingestellt.

Antike Prachtstraße: Cardo Maximus

ÜBERNACHTEN

OLIVE BRANCH RESORT
Attraktive Lage, Pool, einfache Ausstattung. Ca. 8 km von Jerash an der Straße nach Ajloun, ausgeschildert. *30 Zi. | Tel. 02 6340555 | www.olivebranch.com.jo | €€*

ZIEL IN DER UMGEBUNG
Zwischen Jerash und Ajloun liegt der Dibbin-Naturpark *(Dibbin Nature Reserve)* (120 C4) (*D4*): Unter schattigen Kiefern, Pinien und Eichen können Sie idyllisch picknicken. Bei den Ammanern ist der Park sehr beliebt.

DER OSTEN

Wenn Sie Amman in Richtung Osten verlassen, gelangen Sie in einen Teil des Landes, der auf den ersten Blick wenig einladend erscheint. Lastwagen beherrschen die Wüstenhighways, die nach Irak und Saudi-Arabien führen.

Die Landverbindung über Jordanien ist eine der Lebensadern des Irak. Doch die riesige Wüstenlandschaft – mal ausgetrocknete Sümpfe mit dicker Salzschicht, mal schwarzes Basaltgeröll – hat mehr zu bieten: Entlang der beiden Straßen, die wie eine Schleife das Gebiet durchziehen, liegen die berühmten Omayyaden-Schlösser. Die bescheidenen Gebäude aus dem 8. Jh. sind gerade wegen des fehlenden Pomps kleine Juwele, die einen Tagesausflug wert sind. Hier haben Wandmalereien aus der Frühzeit des Islam überdauert, auf denen sogar nackte Frauen abgebildet sind.

Die aus Damaskus stammenden Omayyaden-Herrscher hielten in diesen Schlössern Hof: Hier schlichteten sie Rechtsstreitigkeiten und pflegten die Beziehungen zu den lokalen Beduinenstämmen, die ihre Machtbasis darstellten. Doch die Herbergen dienten wahrscheinlich auch als Lustschlösser. In der Abgeschiedenheit der Wüste soll es hier zu Gelagen mit Wein, Weib und Gesang gekommen sein.

Auch die Pflege der vorislamischen Dichtkunst, in der Sinnenfreuden und Alkohol eine große Rolle spielen, wird überliefert. Die zahlreichen Tierdarstellungen zeugen davon, dass die Jagd auf Gazellen und Enten sowie sport-

 Bild: Wüstenschloss Qasr Amra

Zeitreise in die Wüste – neben weidenden Wasserbüffeln atmen die Omayyaden-Schlösser den Zauber der Vergangenheit

liche Ertüchtigung zum Programm gehörten. Als 750 n. Chr. die Abbasiden die Omayyaden besiegten, verlegten sie die Hauptstadt nach Bagdad. Die Region des heutigen Jordaniens verlor an Bedeutung, und die Wüstenschlösser gerieten in Vergessenheit.
Für die Tour zu den Wüstenschlössern empfiehlt es sich, ein Auto oder ein Taxi zu mieten. Mit öffentlichen Verkehrsmitteln sind sie nur äußerst schwierig zu erreichen. Wenn Sie mehr Zeit haben, können Sie in der Kleinstadt Azraq übernachten, die von mehreren Naturschutzgebieten umgeben ist.

AZRAQ

(121 F5) (*🕮 F5*) **Das kleine, verschlafene Städtchen (4000 Ew.) 110 km östlich von Amman lebt vom Durchgangsverkehr. Hier geht es nördlich nach Irak und südlich in Richtung Saudi-Arabien.** Schon zur Zeit der Karawanen war die Oase Azraq ein strategischer Knoten-

Frühislamische Wandmalerei im Omayyaden-Schloss Qasr Amra

punkt für den Verkehr zwischen der saudischen Halbinsel und Mesopotamien sowie Syrien.

SEHENSWERTES

NATURSCHUTZGEBIETE

Gleich neben dem Städtchen hat die Königliche Gesellschaft für Naturschutz (RSCN) das ★ *Feuchtlandreservat Azraq* eingerichtet. Denn was sich heute so dürr und trocken vor den Besuchern ausbreitet, war einst eine Sumpflandschaft, in der Wasserbüffel, Krokodile und Füchse lebten. Für die Trinkwasserversorgung Ammans wurde jedoch seit den 1980er-Jahren massiv Wasser aus dem einzigen Wasserreservoir der östlichen Wüste Jordaniens abgepumpt, was zum ökologischen Kollaps führte.

Auf einer 12 km² großen Fläche wurde das Sumpfgebiet wiederhergestellt, auf Holzstegen können Sie die Landschaft bequem durchwandern. Millionen Zugvögel machen hier im Winter Station, und wenn Sie Glück haben, ist in dem hohen Schilfdickicht auch ein Wasserbüffel zu sehen. Eine kleine Ausstellung führt die Tiervielfalt vor Augen, die es hier einst gab. Etwa 12 km südlich von Azraq in Richtung Saudi-Arabien ist das INSIDER TIPP Wüstenreservat Shawmari eingerichtet, der erste Naturschutzpark Jordaniens (1975). Hier werden Strauße, die Oryx-Antilope mit ihren langen Hörnern und andere Wildtiere wieder angesiedelt. *Azraq Wetland Reserve Besucherzentrum | tgl. 9–18 Uhr | Eintritt Naturschutzgebiet 7 JD | Fahrradmiete pro Tag 11 JD | Tel. 05 3 83 52 25 | short.travel/jor7*

ESSEN & TRINKEN

An der Straße Richtung Qasr al-Azraq liegt das *Azraq Tourist Palace Restaurant (tgl. | €)*, das auf Touristengruppen eingestellt ist. Im *Azraq Resthouse (tgl. | €)* an derselben Straße kann man auf einer schattigen Terrasse essen.

ÜBERNACHTEN

AZRAQ LODGES

Ein ehemaliges britisches Feldlazarett, das nicht wiederzuerkennen ist: Der Architekt Ammar Khammash hat das alte Hauptgebäude in ein futuristisch wirkendes Hotel aus Beton integriert. Sonnensegel aus Stoff stellen die Verbindung zur Beduinenkultur her. Das Hotel wird von der RSCN betrieben. Im Besucherzentrum können Sie INSIDER TIPP Safaritouren mit den Umweltschützern buchen: zu Fuß, mit Fahrrad oder Bus (ab 3 Personen). *16 Zi. | an der Hauptstraße ausgeschildert | Kontakt zur Azraq Lodge und zum benachbarten Shawmari Camp | Zimmerreservierung Tel. 05 3 83 50 17 | €€*

ZIELE IN DER UMGEBUNG

Öffnungszeiten der Wüstenschlösser: *April–Okt. tgl. 8–17 oder 18, Nov.–März tgl. 8–16 Uhr*

QASR AMRA ★ (121 E6) (*E5*)

Die Anlage (auch: Qusair Amra) ist das am besten erhaltene Wüstenschloss und gehört seit 1999 zum Unesco-Welterbe. Im 8. Jh. ließ sich Kalif Walid I. diesen Jagdpavillon mit Badehaus bauen, der auch als Lustschloss diente. Von außen besticht das bescheidene Gebäude durch seine harmonischen, runden Formen. Der gelbliche Stein passt sich der sandigen Landschaft an. Vor dem Eingang liegt der 24 m tiefe Brunnen, der den *Hammam* mit Wasser versorgte. Im Inneren zeugen die ● einzigartigen Fresken von der Damaszener Lebensart jener Zeit. Die lebensnahen Malereien zeigen Menschen – was im späteren Islam kaum noch vorkommt – und sogar unbekleidete Frauen – das ist noch ungewöhnlicher. Kein Wunder, dass die Abbasiden, die den Omayyaden nachfolgten, die „Ausschweifungen" ihrer Vorgänger anprangerten. Dank der Abgeschiedenheit des Schlösschens haben spätere Bilderstürmer diese Zeugnisse aus der Frühzeit des Islam übersehen. In der islamischen Kunst wurde später fast ausschließlich mit geometrischen und pflanzlichen Motiven sowie Buchstaben (Kalligrafie) gearbeitet, weil die Darstellung von Menschen nach weit verbreitetem Religionsverständnis verboten ist.

In der dreischiffigen Empfangshalle mit den gewölbten Decken ist eine nackte Frau beim Bad zu sehen. Daneben sind sechs Herrscher abgebildet, die von den Omayyaden besiegt wurden. Vier davon sind namentlich genannt, darunter der Perser Chosroes, der äthiopische König Negus und der Westgote Roderich, der 711 besiegt wurde. Vergessen Sie nicht, die wunderbaren Deckenfresken zu bewundern: Hier sind Handwerker wie Schreiner, Schmiede und Maurer bei der Arbeit verewigt.

Von der Halle führt ein schmaler Durchgang in das Bad, das in drei Bereiche aufgeteilt ist: Die Wände des Umkleideraums sind mit naiven Zeichnungen von Gazellen, einem Laute spielenden Bären und anderen Tieren geschmückt. Im *Tepidarium* (Abkühlraum) sind eine Gruppe von drei Frauen im Bad sowie

MARCO POLO HIGHLIGHTS

★ Feuchtlandreservat Azraq
Wasserbüffel in der Wüste? Mit etwas Glück sind sie hier zu sehen → S. 52

★ Qasr Amra
Das einsame Lustschloss in der Wüste mit verwegenen Fresken aus frühislamischer Zeit gehört zum Welterbe der Unesco → S. 53

★ Qasr al-Azraq
Basaltschloss, in dem Lawrence von Arabien beinahe erfroren wäre → S. 54

eine Jagdszene zu sehen. Das *Caldarium* (Thermalbad) besitzt eine Kuppel, die mit einer Darstellung des Himmels und Sternzeichen geschmückt ist.

QASR AL-AZRAQ ★ (121 F5) (F5)
Berühmt wurde dieses Schloss durch einen Gast, der in den Mauern des Gebäudes den Winter 1917/18 verbrachte: Lawrence von Arabien kampierte hier und bereitete den Sturm auf Damaskus vor. Das aus schwarzem Basaltstein errichtete Schloss ist noch immer imposant, auch wenn die oberen Stockwerke durch ein Erdbeben 1927 stark zerstört wurden. Die älteste Inschrift ist eine Widmung an die Herrscher Diokletian und Maximian, die gemeinsam 285–305 n. Chr. das römische Reich regierten. Das damals erbaute Kastell wurde wahrscheinlich im 13. Jh. von den Ayyubiden renoviert. Aus dieser Zeit stammt auch die Moschee im Innenhof.

QASR AL-HALLABAT (121 D4) (E4)
Die von den Römern im 2. Jh. erbaute Festung wurde später von byzantinischen Mönchen als Kloster genutzt. In der ersten Hälfte des 8. Jhs. zerstörten die Omayyaden das Bauwerk und errichteten es neu. Teilweise wurden Basaltsteine aus der byzantinisch-römischen Siedlung *Umm al-Jimal* (etwa 30 km nördlich) verwendet. Heute befindet sich hier eine mäßig gut erhaltene Ruine. Nur wenige Kilometer entfernt liegt der *Hammam as-Sarakh,* das Bad des Qasr al-Hallabat. Von Badehaus und Umkleideräumen sind nur noch einige Mauern erhalten. Gut zu erkennen sind die Wasserleitungen.

QASR AL-KHARANA (121 E6) (E6)
Festung oder Karawanserei? Bis heute ist unklar, wozu dieses gut erhaltene, klar gegliederte Wüstenschloss diente. Die großen Küchen sowie die Ställe für Kamele oder Pferde um den Innenhof lassen vermuten, dass es sich um eine Art Wüstenhotel handelte. Der erste Stock ist ein Labyrinth aus Zimmern und Gemächern. Von der Terrasse bietet sich ein INSIDER TIPP weiter Ausblick über die Wüste. Die wuchtigen Ecktürme würden zwar eher auf eine Verteidigungsanlage schließen lassen, doch die kleinen Öffnungen in der Außenmauer dienten der Ventilation und nicht als Schießscharten. Die kufische Inschrift über einer Tür in der oberen Etage weist auf das Baujahr 711 hin.

QASR AL-MUSHATTA (120 C6) (D5)
Wenn Sie das Berliner Pergamon-Museum besucht haben, kennen Sie den schönsten Teil dieses Schlosses: Die mit Stuckelementen verzierte Südfassade ist dort ausgestellt, seit der osmanische Sultan Abdel Hamid II. sie 1903 Kaiser Wilhelm II. schenkte. Im Zuge einer deutsch-jordanischen Kooperation soll eine Nachbildung am Original angebracht werden. Von dem einst größten

LOW BUDG€T

Im südlichen Teil des Ortes Azraq **(121 F5)** ***(F5)*** liegen die einfachen Restaurants für Fernfahrer aus Irak und Saudi-Arabien. Hier setzt man sich mit an einen großen Tisch und bestellt das Einheitsessen. Als Faustregel gilt: Wo viel Andrang herrscht, ist die Qualität am besten.

Sightseeing fast gratis: Der Eintritt in die Wüstenschlösser ist frei – doch sollten Sie dem Touristenführer etwa 1 JD Trinkgeld geben.

Heimat auf Zeit: Lawrence von Arabien überwinterte im Schloss Qasr Al-Azraq

der Wüstenschlösser zeugen vor allem die gewaltigen Außenmauern, die jeweils 144 m lang und mit Halbtürmen versehen sind. Der Palast liegt wenig idyllisch auf dem Gelände des internationalen Flughafens von Amman.

UMM AL-JIMAL ● (121 D3) (*🕮 E4*)
Umm al-Jimal („Mutter der Kamele") ist eine der bedeutendsten archäologischen Stätten Jordaniens. Unweit des Kreuzungspunktes mehrerer alter Handelsstraßen siedelten sich hier bereits im 1. Jh. n. Chr. Nabatäer an. Später bauten die Römer den Ort zu einer militärisch bedeutenden Grenzstadt aus. Archäologisch ist Umm al-Jimal unter anderem deshalb so wichtig, weil sich hier einige der ältesten christlichen Kirchen befinden. Faszinierend ist der Ort auch, weil hier das Alltagsleben im Mittelpunkt steht. Wie lebten die Menschen in römischer, byzantinischer und frühislamischer Zeit? Wie organisierten sie die Versorgung mit Lebensmitteln? Wie schafften sie es, komplexe Wasserleitungssysteme anzulegen, ja sogar kleine Wolkenkratzer zu bauen? Woran lag es, dass an diesem scheinbar unwirtlichen Ort zeitweise bis zu 5000 Menschen lebten? Und warum war Umm al-Jimal ab ca. 750 n. Chr. für fast 1000 Jahre verlassen?
Seit den 1970er-Jahren wurden die Überreste der Stadt unter Leitung des Archäologen Bert de Vries weitgehend ausgegraben und dokumentiert. Auf der ausgezeichnet gemachten Internetseite (s. u.) können Sie einen virtuellen Rundgang machen und sich ausführlich über die Pläne für Umm al-Jimal informieren. Unter anderem soll ein Museum entstehen. Wegen der Sonne sollten Sie am besten vor 11 Uhr bzw. nach 15 Uhr kommen. *So–Do 8–17 Uhr | Eintritt frei | www.ummeljimal.org*

DER WESTEN

Sie fragen sich, woher in diesem Wüstenland das Gemüse kommt? Ihr Auge möchte sich einmal wieder an saftigem Grün sattsehen? Dann machen Sie einen Ausflug in das Jordantal, den Obst- und Gemüsegarten des Landes.

Entlang des Jordans, der die Grenze zu Israel und den Palästinensergebieten bildet, dehnen sich Plantagen und Gärten, grüne Felder und saftige Wiesen aus. Hier sehen Sie Bauern bei der Arbeit, die jedoch keine umgeschulten Beduinen sind: Die meisten sind ägyptische Gastarbeiter, die wegen der höheren Löhne in Jordanien dem Niltal den Rücken gekehrt haben.

Doch in diesem Land der Kontraste findet auch dieser Leben spendende Reichtum der Natur ein jähes Ende. Der Jordan mündet im Süden des Tals in das Tote Meer, in dem es kein Leben gibt. Die sofort am Ufer steil ansteigenden Berge sind wieder karg und unwirtlich. Dafür ist ein Bad am tiefsten Punkt der Erde wegen des hohen Salz- und Mineraliengehalts des „Meers" ein einmaliges Erlebnis: Auch Nichtschwimmer können nicht untergehen. Mit kleinen Kindern sollten Sie dennoch lieber am Pool bleiben. Ein versehentlicher „Schluck" aus dem Toten Meer kann gefährlich werden, vor allem, wenn das Salzwasser in die Atemwege gerät.

Eine weitere Attraktion im Jordantal ist die Taufstätte Jesu: Nach neuesten Forschungen befand sie sich wohl auf der Ostseite des Jordans und nicht auf palästinensischer Seite.

 Bild: Olivenbäume im Jordantal

Grüne Obstgärten und karge Berghänge – zwischen dem fruchtbaren Jordantal und dem salzigen Toten Meer liegt die Taufstätte Jesu

JORDANTAL

(120 B2–6) (🕮 C3–5) **Das fruchtbare Tal verdankt seinen Namen dem Fluss Jordan, der in den libanesischen Bergen entspringt.**

Wer einen reißenden Fluss erwartet, wird enttäuscht sein: Durch die starke Wasserentnahme im oberen Flusslauf in Israel ist der Jordan auf dieser Strecke zu einem schmalen Flüsschen geschrumpft. Immer wieder gibt es Streit zwischen Jordanien und Israel über die Wasserentnahme. So ist die üppige Vegetation nur begrenzt dem Jordan zu verdanken. Vielmehr ermöglicht der King-Abdullah-Kanal eine regelmäßige Bewässerung. Der Kanal wird aus dem Yarmuk-Fluss und aus Staudämmen gespeist.

In dem feuchtheißen Klima des Tals sind drei Ernten pro Jahr möglich, das Tal liefert drei Viertel der landwirtschaftlichen Produktion. Weizen, Gerste, Tomaten, Gurken und viele Obstsorten werden hier angebaut. Hoch subventionierte

Wasserpreise für die Plantagenbesitzer führen jedoch zu ökologisch unsinnigen Projekten: Obwohl Bananenstauden einen extrem hohen Wasserverbrauch haben, ist das Tal übersät mit deartigen Plantagen. Die zunehmende Versalzung gerade im südlichen Teil des Jordantals zwingt zu ständig neuen Experimenten; immer weniger Pflanzen können hier gedeihen.

Al-Maghtas: Vieles spricht dafür, dass sich hier die Taufstätte Jesu befand

SEHENSWERTES

PELLA ★ ● (120 B3) (*C3*)

Neben dem Dorf *Tabaqat Fahl* liegen die Ruinen von Pella, einer der Städte der griechischen Dekapolis. Veteranen der Armee Alexanders des Großen ließen sich um 310 v. Chr. auf diesem seit Jahrtausenden bewohnten Hügel nieder. Ihre Blütezeit erreichte die Stadt unter byzantinischer Herrschaft, als hier etwa 20 000 Menschen lebten und ein Bischof residierte. Obwohl die Ausgrabungen schon 1967 begannen, ist in Pella im Vergleich zu Umm Qais oder Jerash wenig zu sehen: Reste der Stadtmauer, einer Basilika mit Säulen aus dem 6. Jh. sowie eines Theaters mit 400 Sitzplätzen sind bisher freigelegt. Die Aussicht auf das Jordantal ist grandios. Im Frühjahr blühen Klatschmohn und die Schwarze Iris – Top-Zeit für interessante Wandertouren (nehmen Sie den Wanderführer von Di Taylor und Tony Howard mit). Zum Essen ist das ● *Pella Rest House (tgl. | Tel. 02 6 56 08 99 | €€)* empfehlenswert. Hier gibt es gute arabische Küche bei tollem Blick von der Terrasse. Der Besitzer Deeb Gawahreh führt auch ein einfaches Hotel in Pella (*11 Zi. | Dheebgawahreh575@hotmail.com | €*). Eine weitere Übernachtungsmöglichkeit liegt zwischen Umm Qais und Pella, 3 km nördlich von Sheikh Hussein. Dort hat die Umweltorganisation Friends of the Environment Middle East (FOEME) den *Sharhabil Bin Hassne Ecopark (10 Zi. für 28 Personen | Tel. 06 5 86 66 02 | jordanecopark.com | €–€€)* eingerichtet, einen Campingplatz mit klimatisierten Blockhütten (mit WiFi). Rechtzeitig reservieren!

TAUFSTÄTTE JESU (AL-MAGHTAS) ★

(120 B5) (*🕮 C5*)

Erst der Friedensschluss mit Israel 1994 ermöglichte den Beginn von Ausgrabungen auf diesem Hügel, zuvor war hier militärisches Sperrgebiet und das Land mit Minen übersät. Seit 1997 haben jordanische Archäologen in dem Gebiet mehrere frühchristliche Kirchen, ein Kloster und Taufbecken aus den ersten Jahrhunderten n. Chr. freigelegt. Neuere Forschungen gehen davon aus, dass Johannes der Täufer und der Prophet Elias hier gewirkt haben. Hier soll „Bethanien jenseits des Jordan, wo Johannes taufte" (Johannes-Evangelium 1,28) gelegen haben. Die Übereinstimmungen zwischen Bibelstellen, den Berichten christlicher Pilger und archäologischen Funden sind verblüffend und sprechen dafür, dass wahrscheinlich hier die Taufstätte Jesu lag. Auf dem *Elias-Hügel (Tel al-Kharrar)* sind Überreste eines Klosters zu sehen sowie ein komplexes System aus Zisternen und Becken, in denen wohl Massentaufen vorgenommen wurden. In der Umgebung finden sich Hunderte von Höhlen, die von Eremiten oder Mönchen bewohnt wurden.

Durch die wilde Vegetation des *Wadi al-Kharrar*, in dem fünf Quellen entspringen, führt ein 2 km langer **INSIDER TIPP** Fußweg hinunter an das Ufer des Jordans. Besucher können sich auch im Minibus zu den einzelnen Sehenswürdigkeiten auf dem großen Gelände fahren lassen. An der Stelle, wo der Jordan breite Schleifen zieht und seinen Lauf über die Jahrhunderte verändert hat, liegen die Reste einer Kirche aus dem 6. Jh. Zwei weitere, etwas höher gelegene Kirchen wurden innerhalb der folgenden 100 Jahre errichtet. Schließlich gelangt man direkt an den Hauptarm des Jordans. Nur wenige Meter trennen ihn von den Palästinensergebieten auf der anderen Flussseite, die von Israel besetzt sind. Was dafür spricht, dass die „Wiege des Christentums" auf der Ostseite des Jordans lag, können Sie auf der Website *www.baptismsite.com* nachlesen. König Abdallah II. hat im Frühjahr 2008 Land gestiftet, auf dem eine neue Kirche gebaut wurde. Im Besucherzentrum befindet sich ein modernes, klimatisiertes *Restaurant (€€)* mit arabischer Küche. *April–Okt. tgl. 8–18, Nov.–März tgl. 8–16 Uhr, letzter Einlass 1 Std. vor Schließung | Eintritt 12 JD (inkl. Führer und Minibus) | Besucherzentrum Tel. 05 3590360*

ÜBERNACHTEN

INSIDER TIPP **MOUNTAIN BREEZE COUNTRY CLUB** ☀ (120 B5) (*🕮 C5*)

Landschaftlich schön gelegene Campinganlage mit angeschlossenem Restaurant (Sommerterrasse mit Panoramablick, im Winter stilvoll drinnen, mit Kamin). Kinderspielplatz, viele Sportmöglichkeiten für Kinder und Erwachsene, unter anderem Bogenschießen und Ballspiele.

MARCO POLO HIGHLIGHTS

★ Pella
Die Reste der antiken Stadt faszinieren mit ihrer bezaubernden Lage → S. 58

★ Taufstätte Jesu (Al-Maghtas)
Frühchristliche Taufbecken und Eremitenhöhlen – hier sollen Johannes der Täufer und der Prophet Elias gewirkt haben → S. 59

★ Totes Meer
Zeitung lesend auf dem Salzmeer liegen und nicht untergehen – das gehört zu jedem Jordanienurlaub dazu → S. 60

Achtung: Auch Paintballclub! Durch das Action-Angebot und die hervorragende Gastromonie auch gut für einen Tagesausflug geeignet. Reservierung erforderlich. Zelte für bis zu fünf Personen (Schlafsack mitnehmen), seit 2015 gibt es gemütliche Holzchalets für 2–5 Personen. Frühstück inklusive. Wegbeschreibung auf der Website. *Tgl. 10–22 Uhr, April–Okt. auch länger | Tel. 079 6 38 28 28 | www.mountainbreeze.jo | €€*

TOTES MEER

(120 A–B6, 122 B1–2) (*C5–7*) **Wenn Sie von Amman kommen, legen Sie auf der rund 45 km langen Serpentinenstraße zum ★ Toten Meer den eindrucksvollen Höhenunterschied von 1300 m zurück.**

Am Ende der Straße befinden Sie sich am tiefsten Punkt der Erde, am Toten Meer, 400 m unter dem Meeresspiegel. Das Binnenmeer ist 75 km lang und 16 km breit. Obwohl es außer einigen Mikroben kein Leben enthält, ist es ökologisch bedroht. Jährlich sinkt der Meeresspiegel um 1 m, weil die Zuflüsse aus dem Jordan und Bergquellen als Trinkwasser oder für die Landwirtschaft abgefangen werden. Zudem verbrauchen die israelischen und jordanischen Industrieanlagen am südlichen Ende große Mengen Wasser.
Umweltschützer befürchten, dass das Binnenmeer bis 2050 um die Hälfte schrumpfen könnte, wenn nichts unternommen wird. Seit Jahren ist der Bau eines Kanals im Gespräch, der Wasser aus dem Roten Meer in das Tote Meer leiten soll. Doch die angespannte politische Lage in der Region behindert

BÜCHER & FILME

Geschichte einer Stadt. Eine Kindheit in Amman – Abdelrachman Munif hat 1996 die jordanische Hauptstadt in den 1940er-Jahren beschrieben

Die letzte Chance – Mein Kampf für Frieden im Nahen Osten – König Abdallah II. erzählt seine Lebensgeschichte (2011). Die historischen Darstellungen sind teils subjektiv gefärbt, manches kann man anders sehen. Dennoch vermittelt das Buch Einblicke in Persönlichkeit und Denkweise des Königs

Lawrence von Arabien – Kinoklassiker von David Lean, mit Peter O'Toole, 1962 teilweise an Originalschauplätzen im Wadi Rum gedreht. Es geht um den britischen Orientalisten und Spion T. E. Lawrence und die Lage in Arabien kurz vor der Gründung des jordanischen Staates

Captain Abu Ra'ed – Der jordanische Spielfilm wurde 2007 von Amin Matalqa gedreht. Hauptfigur ist ein Witwer, der in einer Putzkolonne am Flughafen arbeitet. Eines Tages reißen ihn die Kinder aus dem Viertel aus seinem Alltagstrott, und er freundet sich mit einer jungen Pilotin an. Eine anrührende Geschichte in schönen Bildern

Recycle – Der niederländisch-jordanische Regisseur Mahmoud Al Massad erzählt von einem ehemaligen Qaida-Sympathisanten, der nach Jordanien zurückkehrt und versucht, sich ein neues Leben aufzubauen (2006)

Kooperationsprojekte zwischen Jordanien, Israel und Palästinensern.
Der Salzgehalt des Toten Meers ist mit etwa 30 Prozent fast zehnmal so hoch wie der anderer Meere. Das Wasser wirkt bei Haut- und Rheumaerkrankungen häufig Wunder und zieht immer mehr Gesundheitstouristen an. Nicht versäumen sollten Sie eine Körpermaske aus Schlamm. Der graue Schlamm ist in Vertiefungen im Wasser nahe am Ufer zu finden oder wird in Hotels bereitgestellt. Tragen Sie den Schlamm auf, und lassen Sie ihn trocknen – wenn Sie ihn anschließend abspülen, ist Ihre Haut samtweich.

ESSEN & TRINKEN / ÜBERNACHTEN

DEAD SEA SPA HOTEL

In diesem ältesten Hotel am Toten Meer wurde das Friedensabkommen zwischen Jordanien und Israel ausgehandelt. Das renovierte Hotel ist bei Kindern beliebt, weil es mehrere Pools mit Klettergerüst und einer großen Wasserrutsche hat. Einfacher und billiger als die anderen Luxushotels. Die Nutzung der Pools und des Strands durch externe Gäste kostet 25 JD pro Person (Kinder 15 JD). *265 Zi. | Tel. 05 3 56 10 00 | www.dssh.jo | €€€*

KEMPINSKI HOTEL ISHTAR DEAD SEA

Das neuere Hotel der Luxusklasse verfügt über Gärten und Lagunen, kleine Flüsse und Wasserfälle – und das alles mitten in der Wüste! Attraktive Sportanlagen und zahlreiche Wellnessangebote. Pluspunkt: die Baby- und Kinderbetreuung. Nachteil: kein Zugang zum Hotelstrand für Nichtgäste. *117 Zi. und Suiten | Swaimeh, Dead Sea Road | Tel. 05 3 56 88 88 | www.kempinski.com | €€€*

Baden am tiefsten Punkt der Erde: Strand von Sweimeh am Toten Meer

MÖVENPICK

Traumhafte Luxusanlage in Form eines traditionellen Beduinendorfes. Die Bungalows ziehen sich vom Hauptgebäude bis zum Meer hin, sind umrankt von Bougainvilleen und Oleander. Die Zimmer im Erdgeschoss haben eine eigene Terrasse. Bestehen Sie darauf, in diesem Teil und nicht im Hauptgebäude untergebracht zu werden. Vom Swimmingpool aus haben Sie einen phantastischen Blick über das Tote Meer. Schmaler, felsiger Strand. Im Spa gibt es gegen zusätzliches Entgelt Massagen, Schlammbäder und andere Schönheitsanwendungen. Wer tagsüber nur Schwimmbad und Strand nutzen will, bezahlt 40 JD Eintritt pro Person, an Wochenenden 50 JD (inkl. 20 JD für Verzehr). *346 Zi. | Sweimeh | Tel. 05 3 56 11 11 | short.travel/jor8 | €€€*

MUJIB CHALETS

Die Chalets der RSCN am Ausgang des Wadi Mujib, ca. 30 Autominuten südlich von Sweimeh sind nicht billig, aber dafür schön originell. Übernachten können Sie im DZ mit eigener Terrasse und Gemeinschaftsduschen oder in Einzelzimmern. Die Strandnutzung kostet für externe Gäste 10 JD . *Tel. 06 46 16 52 30 | www.rscn.org.jo | €€*

STRÄNDE

Baden ist fast am gesamten felsigen Ufer erlaubt. Da Sie nach dem Bad unbedingt das Salzwasser abwaschen müssen, empfiehlt sich die Nutzung eines Strandes mit Duschen.

ZIELE IN DER UMGEBUNG

WADI FEYNAN (122 B5) (*C9*)

Die INSIDER TIPP Straße am Toten Meer entlang nach Süden ist weitaus schöner als die Wüstenautobahn. Im *Wadi Araba* sehen Sie die einzigen feinen Sanddünen Jordaniens. Auf dieser Strecke können Sie in der INSIDER TIPP *Feynan Eco Lodge* (*26 Zi. mit Bad in drei Kategorien | Juli und Aug. geschl. | Lodge Tel. 079 7 48 79 00, Reservierung in Amman Tel. 06 4 64 55 80 | www.ecohotels.me/feynan | €€*) Station machen, ehemals ein Projekt der RSCN – eines der besten Öko-Hotels der Welt mit Blick von der Terasse in die Wüstenlandschaft. Sie fahren vom Toten Meer bis zum Empfangstreff im Dorf Qurayqira (gesprochen: Greigra – präzise Wegbeschreibungen aus allen Richtungen unter *www.ecohotels.me/feynan*). Sollte Ihr Auto keinen Vierradantrieb besitzen, müssen Sie Ihren Wagen in Qurayqira

Strand am Toten Meer: Konservative Jordanier halten sich auch beim Baden bedeckt

abstellen und sich gegen einen Aufpreis von rund 16 JD abholen lassen (bei der Buchung mitteilen!). Die Fahrt dauert rund 30 Minuten. Das abgeschiedene Hotel wird mit Solarenergie betrieben und abends romantisch mit Kerzen beleuchtet. In den Zimmern gibt es keine Steckdosen. Internetverbindungen sind nicht stabil, zum Bezahlen Bargeld mitnehmen, da Kartenleser oft ausfallen mangels Strom und Funkverbindungen. Die Verpflegung ist rein vegetarisch und im gesamten Hotel gilt Rauchverbot.

Von hier aus sind schöne Wanderungen durch die Felsenlandschaft möglich, nach Dana und sogar bis nach Petra *(s. Kapitel „Die Königsstraße" ab S. 64)*. Es gibt keine direkte Straßenverbindung nach Dana, aber man kann sich dort abholen lassen.

In diesem Gebiet, das schon vor 10 000 Jahren besiedelt war, liegen zahlreiche archäologische Stätten. Hier befanden sich die größten Kupferminen der Levante, die über 5000 Jahre lang betrieben wurden (4000 v. Chr. bis etwa 1500 n. Chr.). Daran erinnern heute vor allem große Aufschüttungen von Restgestein. Von den Kupfergießereien der Römer und Byzantiner sind noch Überreste hydraulischer Anlagen zu sehen.

WADI MUJIB (122 B–C2) *(🕮 C6–7)*

Durch das Wadi Mujib führen mehrere unterschiedlich schwierige Wanderwege *(begehbar April–Okt.)*, unter anderem der *Siq Trail*, der *Ibex Trail* und der *Malaqi Trail*. Fast alle Wanderwege starten am Toten Meer und enden auch dort. Eine Trekkingtour in das schmale Wadi hinein, bei der man streckenweise durch das warme Wasser schwimmt, ist ein außergewöhnliches Naturerlebnis. Besonders mutige Trekkingfans und geübte Kletterer können den INSIDER TIPP Canyon auch von oben durchqueren. Professionell geführte Touren bieten Veranstalter wie *Terhaal (www.terhaal.com)* und *Experience Jordan (experiencejordan.com)* an. Falls Sie mit dem Auto anreisen: Die Wanderungen durch den Mujib-Canyon von oben beginnen in Fagua, einem Dorf zwischen Madaba und Kerak (Treffpunkt: Büro der RSCN). Der Trek ist ca. 15 km lang und dauert je nach Kondition 6–8 Stunden. Bei Bedarf kann der Rücktransport nach Fagua für Sie organisiert werden.

LOW BUDG€T

Günstig baden Sie am Toten Meer am ● Amman Beach **(120 B6)** ***(🕮 C6)***, ein gepflegter Strand mit Duschen, Umkleidekabinen und Liegestühlen. Auch ein großer Pool ist vorhanden. Meiden Sie das Wochenende. *An der Uferstraße 1 km vom Dead Sea Spa entfernt | Eintritt 15 JD*

Spektakuläre Ausblicke genießen und im Museum etwas über die Natur und Geschichte des Toten Meers lernen: Der *Dead Sea Panoramic Complex* **(122–123 B1)** ***(🕮 C6)*** der Königlichen Gesellschaft für Naturschutz (RSCN) bietet alles für einen aufregenden und doch erschwinglichen Tagesausflug für Familien. Picknick ist möglich, das gute Restaurant kann wegen einer Feier oder einer großen Gruppe auch ausgebucht sein. *Museum März–Okt. tgl. 9–17, Nov.–Feb. tgl. 9–16 Uhr | Eintritt 2 JD | Restaurant März–Okt. tgl. 12–24, Nov.–Feb. tgl. 12–21 Uhr | Tel. 05 3 49 11 33 | www.rscn.org.jo*

DIE KÖNIGSSTRASSE

Die Königsstraße (Tariq al-Sultani) ist einer der schönsten Wege, die von Amman nach Aqaba führen. Sie schlängelt sich auf der Grenze zwischen der Jordansenke des Wadi Araba und dem Hochplateau der Wüste entlang und bietet überwältigende Landschaften.

Vom Berg Nebo führt die Königsstraße über Madaba, das spektakuläre Wadi Mujib (auch „Grand Canyon Jordaniens" genannt, mit dem legendären Trajan Resthouse am Südende), das Naturschutzgebiet Dana und die Kreuzfahrerburgen Kerak und Shobak bis zur berühmten Nabatäer-Stadt Petra. Die Königsstraße entspricht angeblich dem Weg, auf dem Moses die Hebräer zum Gelobten Land geführt haben soll. Später zogen die Karawanen der Nabatäer mit Weihrauch und Edelsteinen hier entlang. Nachdem Kaiser Trajan im Jahr 106 n. Chr. das Nabatäer-Reich in das römische Imperium eingegliedert hatte, ließ er die Via Nova Traiana ausbauen, die von Damaskus bis nach Aqaba führte: Die Königsstraße wurde von einem Karawanenpfad zu einer gepflasterten Straße mit Meilensteinen. Machen Sie eine Reise durch die Jahrtausende, bei der Sie – außer bei einem Besuch in Petra – nur wenige Touristen treffen werden.

DANA

(122 B5) (C9) **Unbedingt sollten Sie einen Aufenthalt im ★ Naturreservat Dana einplanen. Die Canyon-**

 Bild: Naturreservat Dana

Einfach spektakulär – vom Berg Nebo über die Canyonlandschaft von Dana zu Kreuzritterburgen und der Felsenstadt Petra

landschaft mit den rundgewaschenen Felsen in vielen Farbschattierungen hält eines der schönsten Naturerlebnisse Jordaniens bereit.

Mehrere Wanderrouten sind mit Steinen gekennzeichnet, aber es lohnt sich, einen Führer zu nehmen. Das 1989 eingerichtete Naturschutzgebiet ist mit 320 km² das größte des Landes. 600 Pflanzenarten, 190 Vogelarten und 37 weitere Tierarten sind hier zu finden *(Eintritt Naturschutzgebiet 7 JD/plus Steuer)*. Das aus dem 15. Jh. stammende *Dorf Dana*, das ganz aus Steinen und Lehm gebaut ist, liegt auf einem Bergvorsprung über dem Wadi Dana. Schon der Blick von oben bei der Anfahrt ist atemberaubend. Das Dorf war zwischenzeitlich fast völlig verlassen, weil die Familien nach Qadisiya an die Hauptstraße zogen. Daher liegt ein Teil der Häuser und Ställe bis heute in Ruinen. Doch dank des Projekts der Naturschützer sind einige Familien in Dana geblieben oder haben sich wieder angesiedelt. Man sollte hier unbedingt ein wenig verweilen.

Wanderung zum Anfang der Zeit: rundgewaschene Felswände im Wadi Mujib

ESSEN & TRINKEN / ÜBERNACHTEN

DANA GUESTHOUSE

Das Hotel der Naturschutzorganisation besticht durch die spektakuläre Aussicht, ist allerdings relativ teuer. Der geschmackvolle Aufenthaltsraum und die Terrasse liegen direkt über dem Wadi. Gutes Essen, im Winter gemütliche Abende am Kamin mit Gesellschaftsspielen. Auch wenn Sie in einem anderen Hotel wohnen, sollten Sie einmal hier essen *(vorbestellen, öffnet nach Vereinb.!)*, um den Ausblick zu genießen. *9 Zi. | Tel. 03 2 27 04 98 | tourism@rscn.org.jo | €€*

INSIDER TIPP DANA HOTEL

Das einfache Haus ohne Pool liegt mitten im Ort, gegenüber der hübschen, kleinen Moschee, in der der Gebetsruf noch nicht vom Tonband kommt. Das Hotel wird von den Dorfbewohnern betrieben, sodass die Menschen vor Ort unmittelbar davon profitieren. Einfache, schlichte Zimmer mit schönen Metallbetten, die um einen Innenhof gruppiert sind. Beduinenzelt auf der Dachterrasse. *7 Zi. | Tel. 03 2 27 05 37 | €*

RUMMANA-CAMP

Zugang zum Naturschutzgebiet gibt es auch beim Rummana-Zeltlager (kurz vor dem Dorf Qadisiya rechts ab), einem Projekt der lokalen Bevölkerung. Hier können Sie in 20 Gemeinschaftszelten, die mit Matratzen ausgestattet sind, in der unberührten Landschaft übernachten. Vor der Zelttür beginnen die Wanderwege, der Eintritt ins Naturschutzgebiet ist im Übernachtungspreis inklusive. Grillplätze stehen zur Verfügung, Sie können sich aber auch verpflegen lassen. *Nov.–15. März geschl. | Tel. 03 2 27 04 98 | tourism@rscn.org.jo | €€*

AUSKUNFT

Das Besucherzentrum mit Verkaufsraum liegt neben dem Dana Guesthouse. Hier können Sie Führer für Wandertouren buchen oder den Shuttlebus, der Sie zum

Zeltlager Rummana bringt. *Tgl. 8–15 Uhr | Tel. 03 2 27 04 98 | www.rscn.org.jo*

KERAK

(122 C3) (🗺 C7) **Die Fahrt nach Kerak führt durch eine aufregende Landschaft. In langen Serpentinen windet sich die Straße durch das 1000 m tiefer liegende, hier sehr breite Wadi Mujib.** Die Stadt Kerak wird von der höher gelegenen Kreuzfahrerburg beherrscht.

SEHENSWERTES

FESTUNG KERAK ★

Die imposante, komplett renovierte Festung ist ein beeindruckendes Beispiel der Militärarchitektur der Kreuzritter. Balduin I., der nach dem Tod seines Bruders Gottfried von Bouillon König des Kreuzritterstaates Jerusalem wurde, ließ die Burg 1142 errichten. Möglicherweise war für die Wahl des Ortes ausschlaggebend, dass die Mehrheit der Bewohner Keraks arabische Christen waren. Nach einjähriger Belagerung mussten die Kreuzritter sich 1189 dem arabischen Feldherrn Salah ed-Din ergeben, der die Festung ausgehungert hatte. Da der ägyptische Herrscher Ibrahim Pascha die Burgmauern zerstören ließ, sind die oberen Stockwerke nur noch Ruinen. Von den Aufbauten aus mameluckischer Zeit haben Sie jedoch einen wunderbaren Blick. Interessant sind vor allem die unterirdischen Bankettsäle, die unbeschädigt blieben. *Tgl. 8–17 Uhr | Eintritt 1 JD*

ESSEN & TRINKEN

Im belebten Souq von Kerak (südlich der Burgruine am Hang) finden Sie einige gute Schnellrestaurants mit einheimischer Küche. Kaufen Sie frisches Obst, das in dieser Gegend besonders gut gedeiht. Für gehobene Ansprüche und internationale Küche sind die Restaurants und Cafés des *Falcon Rock Hotel (s. Übernachten)* zu empfehlen. Falls Sie in Kerak essen, probieren Sie auf jeden Fall

MARCO POLO HIGHLIGHTS

★ Dana
Aufregendes Reiseerlebnis in farbenprächtiger Felslandschaft, vielfältiger Pflanzen- und Tierwelt und romantischen Sandsteinhäusern → S. 64

★ Festung Kerak
In den unterirdischen Hallen der imposanten Festung haben Kreuzritter einst Trinkgelage veranstaltet → S. 67

★ St.-Georgs-Kirche
Das Palästina-Mosaik in Madaba zeigt die Welt vor 1500 Jahren und bezaubernde Pflanzen- und Tierdarstellungen → S. 70

★ Berg Nebo
Überwältigender Blick auf das verheißene Land von einem der heiligsten christlichen Pilgerziele in Jordanien → S. 70

★ Umm ar-Rasas
Byzantinische Bodenmosaiken und ein Eremitenturm – ganz ohne Eingang und Treppe → S. 71

★ Petra
Spektakulärer Höhepunkt einer jeden Reise nach Jordanien: Die Nabatäer-Stadt im Felsgestein ist eine einmalige Symbiose aus Natur und Architektur → S. 72

das jordanische Nationalgericht *mansaf:* Reis und Lamm- oder Hühnerfleisch mit Joghurtsoße *(jameed)*.

KIR HERES
Ein empfehlenswertes Lokal gleich vor der Burg. Schmackhafte arabische und internationale Gerichte. Der Besitzer Rashid Dmour kümmert sich persönlich um die Gäste. *Tgl. | Castle Street | Tel. 03 2 35 55 95 | €€*

pool, drei Restaurants und zwei Café-Bars. Damit besteht endlich die Möglichkeit, von Kerak aus Touren in die nähere Umgebung zu machen und am Abend vom Pool aus den Blick auf die Kreuzfahrerburg zu genießen. Ansonsten ist das Hotelangebot in Kerak weiterhin sehr bescheiden. Zur Burg gelangen Sie mit dem Auto oder Taxi. *86 Zi., 3 Suiten | Stadtteil Kerak-Al Marj, bergauf von der Hauptstraße Richtung Desert Highway,*

Madaba und seine Moschee: goldglänzende Grüße aus 1001 Nacht

PANORAMA RESTAURANT
Arabische Spezialitäten in typisch levantinischem Setting, auch bei Einheimischen sehr beliebt. *Tgl. | Al Marj, gegenüber Falcon Rock Hotel unterhalb der Fahrstraße | Parkplätze | Tel. 079 5 87 04 34 | €–€€*

ÜBERNACHTEN

FALCON ROCK HOTEL
Nagelneues Viersternehotel in bester Lage, mit Sauna, Fitnessraum, Außen-

Beschilderung folgen | Tel. 079 6 97 49 21 | €€–€€€

MUJIB HOTEL
Das Mittelklassehotel ist in die Jahre gekommen, aber akzeptabel. Die mit Glas überdachte offene Lobby sorgt für eine freundliche Atmosphäre. Der Besitzer Samir Abu Jreis begrüßt die Gäste persönlich. Ein- und Zweibettzimmer mit Bad/WC, TV, Klimaanlage und Kühlschrank. *17 Zi. | Stadtteil Kerak Al-Thanie | €€*

TOWER HOTEL
Zimmer mit Gemeinschaftsbad. *18 Zi. | Castle Street | Tel. 03 2 35 42 93 | €*

ZIEL IN DER UMGEBUNG

INSIDER TIPP SHOBAK
(122 B6) (*C9*)
Montreal (oder Mons Realis) nannten die Kreuzritter die ebenfalls von Balduin I. errichtete Burg. Im 14. Jh. wurde das Bauwerk von den Mamelucken restauriert, heute ist es in relativ schlechtem Zustand. In den kommenden Jahren wird Shobak mithilfe italienischer Experten von der Universität Florenz restauriert.

MADABA

(120 B–C6) (*C6*) **Wenige Kilometer hinter dem Flughafen Amman geht es nach Madaba (40 000 Ew.). Die Provinzstadt blüht seit einigen Jahren auf – unter anderem befinden sich hier eine amerikanische Universität und die German-Jordanian University. Unter dem Namen Mebda wird die Stadt im Alten Testament erwähnt.**
Der mehrheitlich von Christen bewohnte Ort ist berühmt für seine Mosaiken, die sich in byzantinischer Zeit zu voller Blüte entwickelten. In der Mosaikschule wird dieses Kunsthandwerk weiter gepflegt.

SEHENSWERTES

APOSTELKIRCHE
Die Mosaikböden der im Jahr 578 erbauten Kirche gehören zu den schönsten in Madaba – darunter die personifizierte Darstellung des Meers, in der eine Frau aus den Wellen aufsteigt, umgeben von Meerestieren. Beachten Sie die sprungbereite Katze neben dem Vogel oder den Wolf, der nach einer Weintraube schielt! *Tgl. 8–17 Uhr | Eintritt 2 JD (inklusive Besichtigung des Madaba-Museums und des Archäologischen Parks)*

ARCHÄOLOGISCHER PARK
Freiluftmuseum mit den Ruinen mehrerer Kirchen und Stadtpaläste. Erhalten geblieben sind wunderbare Bodenmosaiken, etwa die Darstellungen von *Amor und Aphrodite* und der griechischen Tragödie von Phädra *(Hippolytus-Halle)*. *April–Sept. tgl. 8–19 Uhr, Okt.–März tgl. 8–17 Uhr | Eintritt 2 JD (inklusive Besichtigung der Apostelkirche und des Madaba-Museums)*

MADABA-MUSEUM
Das Museum zeigt Keramik, Schmuck, Waffen und Mosaiken. *Okt.–April tgl. 8–17, Mai–Sept. tgl. 8–19 Uhr | Eintritt 2 JD (inklusive Besichtigung der Apostelkirche und des Archäologischen Parks)*

LOW BUDG€T

Ein kurioses, verwinkeltes Hotel auf mehreren Stockwerken ist das *Dana Tower Hotel*. Schön ist die Terrasse, von der aus Sie das gesamte Dorf Dana **(122 B5)** (***C9***) im Blick haben. Buchen Sie das Zimmer mit Halbpension, da es in Dana keine Restaurants gibt (außer dem recht teuren Dana Guesthouse der RSCN). *7 Zi. | Tel. 03 2 27 02 26, Reservierung Tel. 079 5 68 88 53 (Nabil) | dana_tower2@hotmail.com*

Das kleine *Petra Pearl Restaurant* **(124 C1)** (***B10***) bietet ausgezeichnete *shawarma* (Hammelfleisch-Döner) an. *Von Petra kommend rechts ab vom Obelisk Circle*

ST.-GEORGS-KIRCHE ★

In dieser griechisch-orthodoxen Kirche, die 1884 auf den Ruinen einer byzantinischen Kirche erbaut wurde, befindet sich die berühmte ● Palästina-Karte. Die um 560 n. Chr. aus 2 Mio. Steinen zusammengesetzte Landkarte ist die erste erhalten gebliebene, geografische Darstellung der Region. Das Bodenmosaik wurde erst im 19. Jh. wiederentdeckt. Obwohl die ursprünglich 16 mal 6 m große Karte stark beschädigt ist, erkennen Sie Unterägypten und das Nildelta, Jerusalem und Sidon im heutigen Libanon. Im Zentrum der Karte steht Jerusalem. Hier sind die Stadtmauern und das Damaskus-Tor gut zu sehen. Darüber hinaus entzücken die verspielten Tier- und Pflanzendarstellungen. Achten Sie darauf, wie an der Jordanmündung Fische vor dem salzigen Wasser des Toten Meers wegschwimmen. *Tgl. 8–19 Uhr | Eintritt 1 JD | King Talal Street*

ESSEN & TRINKEN

AYOLA CAFE

Hier sitzen Sie gegenüber der St.-Georgs-Kirche auf Teppichen an niedrigen Tischen bei Sandwiches und frischem Fruchtsaft. *Tgl. | King Talal Street | Tel. 05 3 25 18 43* | €

HARET JDOUNA

Dieses wunderbare Lokal in der Nähe der St.-Georgs-Kirche besteht aus mehreren traditionellen Häusern um einen schattigen Innenhof. Gute jordanische Küche. *Tgl. | King Talal Street | Tel. 05 3 24 86 50* | €€

ÜBERNACHTEN

MARIAM HOTEL

Zentral gelegenes Mittelklassehotel, mit gepflegtem Terrassenbereich und einem Swimmingpool. Familienzimmer mit bis zu vier Betten. Gutes Preis-Leistungsverhältnis. *57 Zi. | Aisha Um Al Mumeneen Street | Tel. 05 3 25 15 29 | www.mariamhotel.com* | €€

INSIDER TIPP SALOME HOTEL

Sehr sauber und ruhig, schöne Terrasse, exzellentes Preis-Leistungsverhältnis, ideal für Familien. *34 Zi. | Aisha Umm Al Mu'meneen Street | Tel. 05 3 24 86 06 | www.salomehotel.com* | €€

AUSKUNFT

Parken Sie Ihren Wagen auf dem Parkplatz des *Besucherzentrums (April–Okt. tgl. 8–19, Nov.–März tgl. 8–17.30 Uhr | 300 m vom Baladiya Circle | Tel. 05 3 25 35 63)* und gehen Sie zu Fuß.

ZIELE IN DER UMGEBUNG

BERG NEBO ★ ●

(120 B6) *(C5–6)*

10 km westlich von Madaba finden Sie einen der wichtigsten christlichen Pilgerorte Jordaniens seit den Anfängen des Christentums, den Berg Nebo (840 m). Von hier soll Moses nach dem Exodus das Gelobte Land gesehen haben. Bei klarer Sicht haben Sie einen überwältigenden Blick über das Tote Meer bis nach Jericho, und auch Jerusalem können Sie am Horizont erkennen. Besonders schön ist hier der Sonnenuntergang. Die Franziskaner, die 1933 einen Teil des Berges kauften, entdeckten die Überreste einer dreischiffigen *Basilika* mit sehenswerten Bodenmosaiken aus dem 6. Jh.: Neben Tier- und Pflanzenmotiven sind ein Jäger, ein Löwe sowie ein Hirte und eine Herde zu sehen. *Besucherzentrum Mai–Sept. 8–19, Okt.–April 8–16.30 Uhr | Eintritt 1 JD*

HAMMAMAT MA'IN

(122 B1) *(C6)*

Eine kurvige Straße, die schöne Ausblicke bietet, führt in das *Wadi Zarqa Ma'in*. Seit der Römerzeit ziehen die INSIDER TIPP Thermalquellen Besucher und Rheumakranke an. Natürliche Steinbecken laden zum Bad im heißen Wasser ein, das sich auch aus einem 25 m hohen Wasserfall ergießt. Achtung: Das Wasser, das Schwefel, Soda und Magnesium enthält, kommt mit bis zu 60 Grad aus dem Boden. *Quellen tgl. 6–16 Uhr | Eintritt 15 JD* Das Luxushotel *Evason Ma'in Hot Spring and Six Senses Spa (97 Zi. | Tel. 05 3245500 | www.sixsenses.com/Evason-Ma-In | €€€)* wirkt etwas klobig, doch die Lage ist überwältigend. Wellnessangebote im Paket buchen, einzeln wird es teuer. Kostenloser Shuttle zum Toten Meer.

60 Grad heiße Sache: Wasserfall von Hammamat Ma'in

HERODES-FESTUNG

(122 B1) (*C6*)

Rund 30 Autominuten südlich von Madaba befindet sich beim Ort Mukawir auf einem Hügel die Festung des Herodes Antipas. Der Aufstieg wird durch natürliche Steintreppen erleichtert, aber man braucht festes Schuhwerk. Im Frühjahr und Sommer sollten Sie wegen der Sonne am besten ab 15 Uhr kommen. Vor Ort gibt es Toiletten, sehr einfache Restauration, Top-Parkmöglichkeiten. Auch als Ausgangspunkt für eine Wanderung ans Tote Meer geeignet. *Tgl. April–Okt. 8–18, Nov.–März 8–17 Uhr | Eintritt 2 JD*

UMM AR-RASAS ★ (122 C1) (*D6*)

Die antike Stadt Kastron Mefaa wurde schon in der Bibel erwähnt, von Römern bewohnt und schließlich von byzantinischen Christen mit Mosaiken verziert. Sehenswert in der weitgehend zerstörten Stadt, ca. 32 km südlich von Madaba, sind vor allem die Bodenmosaiken in der *Stephanus-Kirche,* die außerhalb der Stadtmauer steht: Auf diesem größten Bodenmosaik des Landes sind 28 Städte Ägyptens, Jordaniens und Palästinas abgebildet. Figürliche Darstellungen von Menschen wurden von Bilderstürmern zerstört. Kurios ist der rechteckige, 15 m hohe Turm, der weder einen Eingang noch eine Treppe hat. Vermutlich wurde er für einen Eremiten erbaut, der oben auf der Säule lebte. Die Stätte gehört seit 2004 zum Unesco-Welterbe. Es gibt keine direkte öffentliche Verkehrsverbindung bis Umm ar-Rasas. Mit dem Bus fahren Sie von Madaba nach Dhiban, von dort weiter per Taxi, oder Sie kommen direkt mit dem Auto/Taxi von Madaba Richtung Dhiban, ab da Schildern folgen. *Besucherzentrum an der Stephanuskirche (meist nur WCs geöffnet) | tgl. 8–17 Uhr | Eintritt frei*

PETRA

DETAILKARTE AUF SEITE 126–127

(124 C1) (*B10*) **Die Felsenstadt ★ Petra ist Höhepunkt jeder Jordanienreise. Der Sandstein, der von Violett, Rot, Rosa, Gelb, Beige und Braun leuchtet, die tiefen Schluchten und Wadis sind an sich schon beeindruckend.**
Die Nabatäer haben ihre großartige Architektur in harmonischen Einklang mit dieser Natur gebracht: In den rosaroten Fels meißelten sie die Fassaden ihrer Tempel, Schatzkammern, Häuser und Gräber. Etwa 800 Monumente sind in Petra und Umgebung erhalten. Der Eingang zur Felsenstadt liegt im Dorf *Wadi Mussa*. Seit 2007 ist Petra eines der sieben „neuen Weltwunder". Die Initiative aus der Schweiz ist wissenschaftlich nicht unumstritten, doch in Jordanien ist man sehr stolz auf die Auszeichnung.

SEHENSWERTES

Die Sehenswürdigkeiten werden in der Reihenfolge des üblichen Rundgangs vorgestellt (*Besucherzentrum am Eingang zur Felsenstadt | sofern nicht anders angegeben: tgl. April–Okt. 6–18, Nov.–März 6–16 Uhr | Eintritt 50 JD für Nichtjordanier, gilt für alle Reisenden ab 12 J., die nicht über Eilat einreisen. Wer aus Eilat einreist und vorher nicht in Taba (Ägypten) war, zahlt 90 JD | www.petrapark.com/visitor-center*).

SIQ

Zunächst wandern Sie zum Eingang der engen Felsklamm, des Siq, der sich zwischen steilen, 100 m hoch aufragenden Felswänden hindurchschlängelt. Rechts sehen Sie drei freistehende *Felswürfel*, vermutlich Blockgräber aus dem 1. Jh. Da ihre Funktion nicht bekannt war, nannten die Beduinen sie „Djinn"-Blöcke, also Geistergräber. Gegenüber liegt das *Obeliskengrab* und darunter ein klassisches nabatäisches Gebäude mit drei Räumen *(Triklinium)*, vermutlich eine Halle zur Totenverehrung. Der 1,2 km lange Weg

Monumentale letzte Ruhestätte: die ausgeschmückten Gräber der Königswand

durch den Siq zeigt Spuren der nabatäischen Straßenpflasterung und an den Wänden Reste der Wasserleitungen.

SCHATZHAUS (AL-KHAZNE)

Der erste Blick auf das Schatzhaus am Ende der Felsklamm ist absolut überwältigend. Aus dem Dunkel der immer enger werdenden Schlucht erblickt man unvermittelt zunächst einen Ausschnitt und schließlich die gesamte, 43 m hohe Fassade des Gebäudes. INSIDER TIPP Frühmorgens, wenn die Sonne die Fassade anstrahlt, leuchten die vielen Farben des Gesteins. Das Bauwerk entstand im 1. Jh. v. Chr. als Grabmal für einen nabatäischen König. Die kunstvoll gemeißelte Fassade zeigt nabatäische Götter. Seinen Namen verdankt das Gebäude der Urne auf seiner Spitze, in der die Beduinen wertvolle Schätze vermuteten.

THEATER

Am Schatzhaus geht die Schlucht in die Fassadenstraße über: aneinandergereihte Gebäude, wahrscheinlich Grabmale, mit schönen Steinmetzarbeiten. Schließlich gelangen Sie zum in Stein gehauenen *Theater*. Es wurde von den Nabatäern erbaut und von den Römern auf 7000 Plätze erweitert. Von den letzten Sitzreihen aus überblickt man den Talkessel.

KÖNIGSGRÄBER

Gegenüber dem Theater sind teilweise übereinander etwa ein Dutzend Gräber in den Fels gemeißelt. Ihre Fassaden gehören zu den beeindruckendsten der ungefähr 500 Grabmale Petras. Ob sie wirklich für Könige geschaffen wurden, ist nicht bekannt. Das kolossale *Urnengrab* hat einen Vorhof und eine große Haupthalle. Hier richteten die Byzantiner im 5. Jh. eine Kirche ein, wovon im Innenraum eine Inschrift berichtet. Daneben liegt das viel kleinere *Seidengrab*, das seinen Namen dem Reichtum der Farben verdankt: Das Gestein wirkt wie gemasert in Grau, Weiß, Blau und Rosa. Das *Korinthische Grab* hat schon viele Archäologen verwirrt: Der obere Teil ist eine Nachbildung des Schatzhauses, der untere Teil eine Kopie des Trikliniums vor dem Siq. Das daneben liegende *Palastgrab* ist die Nachahmung eines römischen Palastes mit vier Toren und 18 Säulen. Es ist eines der größten und vermutlich jüngsten Monumente von Petra.

KOLONNADENSTRASSE

Hier befinden Sie sich im – relativ stark zerstörten – Herzen der Stadt. Die Römer pflasterten diese Hauptstraße im 2. Jh., gesäumt war sie von Geschäften. Vom Theater kommend sehen Sie rechts am Beginn der Kolonnadenstraße die Reste des *Nymphäums*. Auf der kleinen Anhöhe rechts vom Cardo Maximus werden noch immer eine *byzantinische Kirche* und der *Tempel der geflügelten Löwen* ausgegraben. Der kleine Abstecher lohnt sich, weil die Kirche aus dem 6. Jh. INSIDER TIPP schöne Bodenmosaiken besitzt. Auf den Säulen des Tempels thronten einst geflügelte Löwen. Im Inneren ist die nabatäische Fruchtbarkeitsgöttin Atargatis zu sehen, wie sie auf einem Delphin reitet.

QASR AL-BINT FARAUN

Was die Beduinen sich nicht erklären konnten, brachten sie mit den Pharaonen in Verbindung. Das *Qasr al-Bint Faraun (Schloss der Tochter des Pharaos)* am Ende der Kolonnadenstraße links ist jedoch ein Tempel für die nabatäische Hauptgöttin Dushara. Im wichtigsten sakralen Bauwerk Petras verbinden sich orientalische und griechisch-römische Architektur.

MUSEUM

Das Museum neben dem *Forum Resthouse* am Ende der Kolonnadenstraße zeigt eine schöne Sammlung von Stelen, Öllampen, Münzen und Krügen. *April–Sept. tgl. 8–19, Okt.–März 8–16 Uhr | Eintritt frei*

BERGTOUREN

In den umliegenden Bergen sind weitere Monumente versteckt. Sie sind nur über

Viel Mühe, viel Hitze – das atemberaubende Ed-Deir ist die Mühe wert

teilweise steil ansteigende Wege zu erreichen, doch die Mühe lohnt sich. Wer will, kann sich einen Esel mieten.

Kloster (Ed-Deir): Diese Tour ist Pflicht, auch wenn sie zu den anstrengendsten gehört. Hinter dem *Forum Resthouse* am Ende der Kolonnadenstraße beginnt eine Treppe mit 788 Stufen. Wenn man nach einer guten Stunde Ed-Deir erreicht, verschlägt es einem den noch verbliebenen Atem: Ein imposantes, gut erhaltenes Monument, 40 m hoch und 47 m breit, ist hier mitten in der Natur in den gelblichen Stein gehauen. Eine riesige Urne krönt das Dach. Die Einsamkeit des Ortes macht den besonderen Charme aus, auch wenn das Monument weniger fein gearbeitet ist als das Schatzhaus. Wandern Sie noch die paar Meter zu dem links liegenden INSIDER TIPP **Aussichtspunkt**: Das Wadi Araba liegt zu Ihren Füßen.

Opferstätte: Etwa 200 m vor dem Theater (vom Siq kommend) zweigt ein kleiner Weg ab, der nach halbstündigem Aufstieg zum Opferplatz führt. Auf dem 1035 m hohen Gipfel stehen zwei Obelisken (7 m hoch) zu Ehren nabatäischer Gottheiten. Um sie zu schaffen, wurde der gesamte Berggipfel rundherum weggemeißelt. Auf einem Felsvorsprung liegt der Opferplatz. Die zwei Altäre wurden wahrscheinlich für Tieropfer genutzt. Deutlich zu erkennen sind die Abflussrinnen für das Blut. Von hier oben haben Sie den besten Blick über die im Talkessel gelegene Stadt Petra. Beim Abstieg nach Süden kommen Sie am *Löwenbrunnen* (aus dem Maul des Löwen floss einst Wasser, das in die Stadt geleitet wurde), am *Gartengrab* und dem *Grabmal des römischen Soldaten* (benannt nach den drei Statuen über dem Eingang in römischer Rüstung) vorbei. Sie erreichen Petra beim Qasr al-Bint Faraun.

ESSEN & TRINKEN

Im antiken Petra bietet nur das *Forum Restaurant* ein teures Mittagessen. Picknick mitnehmen!

CLEOPATRA

Jordanische Küche in sympathischer Atmosphäre. Probieren Sie *maglouba*, eine Spezialität aus Hammel, Reis und Kartoffeln. *Wadi Mussa, Hauptstraße* | €

INSIDER TIPP PETRA KITCHEN

Schnellkurse in arabischer Küche unter Anleitung von Chef Eid Nawafleh selbst zu erschwinglichen Preisen. Anmeldung erforderlich. *Tel. 03 2154666 | info@jordantours-travel.com* | €€

AM ABEND

Petra bei Nacht: Ein Abend in den Ruinen von Petra, mit Kerzenlicht, Geschichtenerzählern und beduinischer Musik – unvergesslich! *Ticket 17 JD | drei Termine/ Woche, am Besucherzentrum erfragen*
Wer genug gesehen hat, kann einen Drink in der INSIDER TIPP *Cave Bar* im Forum Hotel zu sich nehmen – in einer Höhle aus nabatäischer Zeit. Die *Al Multaqa Lounge* im luftig-hellen, reich verzierten Atrium des Mövenpick Resorts ist ein märchenhafter Ort für einen Cocktail *(beide Wadi Mussa, am Eingangstor nach Petra)*.

ÜBERNACHTEN

INSIDER TIPP AMMARIN BEDOUIN CAMP

10 km nördlich von Petra tauchen Sie ein in die Welt der Ammarin. Ein kleines Museum vermittelt die Lebensweise der Wüstenbewohner. Das Camp ist naturnah-rustikal, und einige der Gastgeber können etwas Englisch. Längeres Kameltrekking und kürzere Wandertouren werden angeboten, eine kleinere archäologische Fundstätte kann gleich nebenan erkundet werden. *Tel. 079 9 75 55 51 | www.bedouin-camp.net | €€*

HOTEL AMRA PALACE

Gepflegtes, sauberes Mittelklassehotel in Wadi Mussa. Das türkische Bad ist nach einem langen, staubigen Wandertag ein Genuss (für Gäste 15 JD, sonst 20 JD), Indoor-Swimmingpool. *72 Zi. | Tel. 03 2 15 70 70 | www.amrapalace.com | €€*

FORUM GUEST HOUSE HOTEL

Schönes, solides Mittelklassehotel. Helle, freundliche Zimmer, gutes Frühstück, angenehmes Ambiente. Weiteres Plus: Sie dürfen kostenlos den Pool des benachbarten Crowne Plaza Hotels nutzen. Frühzeitig buchen! *147 Zi. | Tel. 03 2 15 62 66 | www.crowneplaza.com | €€–€€€*

SHARAH MOUNTAINS HOTEL

2014 umfangreich renoviert und neugestaltet. Zentrale Lage, Zimmer zur Rückseite sehr ruhig. *43 Zi. | Tel. 03 2 15 72 94 oder 077 9 42 14 40 | www.sharahmountains.com | €€–€€€*

SOCIAL MEDIA & KORAN

Kinder und junge Leute, so weit das Auge reicht – zwei Drittel der Bevölkerung Jordaniens sind unter 24 Jahre, und die Jugend schafft sich zunehmend ihre eigene Kultur. Religion und Familie stehen weiterhin im Mittelpunkt, doch die Werte wandeln sich: Junge Frauen wollen berufstätig sein, junge Paare möchten Zeit für sich und nicht mehr bei jedem Schritt von den Schwiegereltern überwacht werden. Die neue Jugendkultur entwickelt sich in erster Linie in der Hauptstadt Amman und Social Media sind dabei das A und O: Über Facebook, Twitter und Co. verabreden sich junge Männer und Frauen zum Graffiti-Happening, zum Street Dance, zum Yoga-Retreat in der Wüste oder zum gemeinsamen Freiwilligeneinsatz am Wochenende. Besondere Anziehungspunkte sind selbstverwaltete Kulturzentren wie das Medien- und Musikprojekt *Zumra* und das Kulturcafe *Fann wa Chai* in Jebel Webdeh.

DER SÜDEN

Im äußersten Süden Jordaniens ist Schluss mit der Besichtigung kulturhistorischer Monumente. Keine weiteren Tempel, Kirchen oder Burgen fordern die Aufmerksamkeit der Besucher. Wie zur Belohnung darf man sich entspannen und in dieser Region ganz der Natur hingeben: der einzigartigen Wüstenlandschaft des Wadi Rum und den Wellen des Roten Meers mit seiner spektakulären Unterwasserwelt in Aqaba – nur eine Autostunde voneinander entfernt. Das Wadi Rum („Wadi Ramm" ausgesprochen) begeistert Wüstenfans, auch wenn sie schon weit herumgekommen sind: Steil aufragende Berge, die an Klippen erinnern, erheben sich unvermittelt aus dem rötlichen Wüstensand. Wer den Film „Lawrence von Arabien" gesehen hat, ahnt zumindest, was ihn erwartet. Teile des Meisterwerks wurden im Wadi Rum an den Originalschauplätzen gedreht.

Wenn man das Gefühl hat, dass einem der feine Wüstensand in allen Poren sitzt, ist es Zeit, nach Aqaba aufzubrechen. Das erste Bad im kristallklaren Wasser des Roten Meers ist eine unvergessliche Wohltat, auch wenn sich das von Naturschönheiten verwöhnte Gemüt an den Containerhafen und die Industrieanlagen erst gewöhnen muss. Doch beim Schnorcheln oder Tauchen in den Korallenriffen, deren Reichtum an Fischen und Farben seinesgleichen sucht, ist man schnell wieder versöhnt. Mit Glück treffen Sie sogar Delfine oder Wale im Golf von Aqaba an.

Bild: Tauchen im Roten Meer

Roter Wüstensand und türkisblaues Wasser – vom Sternenhimmel über dem Wadi Rum in die Unterwasserwelt des Roten Meers

AQABA

(124 B5) (*A13*) **Aqaba (100 000 Ew.) ist der einzige Hafen und Meereszugang Jordaniens. Der Küstenabschnitt ist 26 km lang – aber auch nur, weil Saudi-Arabien 1965 in einem Landtausch 12 km dazugeschenkt hat.**

Auf der anderen Seite der Bucht liegt der israelische Badeort Eilat. Der Platzmangel erklärt, warum Touristenstrände, Containerhafen und Phosphatindustrieanlagen

CITY **WOHIN ZUERST?**

Royal Yacht Club: Eintritt frei, traumhafte Aussicht, Top-Küche zu zivilen Preisen, zentral gelegen in der Nähe zum Tourist-Office – der Royal Yacht Club ist der perfekte Punkt, um ein Gefühl für Aqaba zu bekommen. Bewachte Parkplätze gibt es zwischen dem Ayla-Kreisverkehr und der Touristen-Information oder direkt am Yachthafen.

in unmittelbarer Nähe zueinander liegen. Die Qualität des Wassers scheint dadurch jedoch genauso wenig zu leiden wie die Korallenriffe vor der Küste.
Der Containerhafen war in der Vergangenheit eine zuverlässigere Einnahme-

Aqaba am Roten Meer ist der einzige Hafen und Meereszugang Jordaniens

quelle als der Tourismus. Damit Aqaba in Zukunft nicht mehr von einem einzigen Wirtschaftszweig abhängt, hat die Entwicklungssagentur ASEZA ein ganzes Bündel von Projekten aufgelegt: Neben den zahlreichen Luxusresorts und Fünfsterne-Hotels werden Straßen und Wohnungen gebaut. Der Containerhafen soll in den kommenden Jahren größtenteils nach Süden an die saudische Grenze verlegt werden. Um junge Menschen in die Stadt zu holen und die Abwanderung zu bremsen, wurden mehrere Hochschulen angesiedelt: unter anderem eine Zweigstelle der staatlichen University of Jordan. Trotz allem hat Aqaba noch immer den Charakter einer ruhigen Kleinstadt, die am Abend belebter ist als andere jordanische Städte, z. B. an der mit Palmen gesäumten Corniche. In Aqaba herrscht selbst im Winter ein mildes Frühlingsklima, im Sommer ist es dagegen sehr heiß. Die durchschnittliche Wassertemperatur liegt bei 23 Grad – ideal zum Schnorcheln oder Tauchen.

SEHENSWERTES

AQABA MARINE PARK/AQUARIUM

Der Aqaba Marine Park liegt am South Beach 7 km südlich vom Stadtzentrum, bei der Anlegestelle für die Passierfähre. Es gibt hier Attraktionen für alle Altersgruppen. Ein Highlight ist Birdwatching. Das schöne Aquarium vermittelt spannende Einblicke in die Unterwasserwelt des Roten Meers. *Besucherzentrum tgl. 8–17 Uhr | Tel. 03 2 03 58 01 und 03 2 03 58 03 | Aquarium Sa–Do 8–15.45 Uhr, Fr 8–17 Uhr | Eintritt 3 JD | Marine Park, im Zentrum für Meeresforschung | www.aqaba.jo*

ARCHÄOLOGISCHES MUSEUM

Hinter dem Fort, in der ehemaligen Residenz des Sherif Hussein, des Ururgroßvaters von König Abdallah II., sind Gegenstände aus dem islamischen Mittelalter zu sehen, die in Ayla und im Wadi Rum gefunden wurden. *Tgl. April–Okt. 8–19, Nov.–März 8–16 Uhr | Corniche | Eintritt 2 JD*

AYLA

Überreste der islamischen Stadt können Sie direkt gegenüber vom Mövenpick Hotel besichtigen. Das Gelände ist tagsüber frei zugänglich. *Tgl | Corniche | Eintritt frei*

FORT

In dem von den Mamelucken im 16. Jh. erbauten Fort schlug König Faisal nach seiner Einnahme Aqabas 1917 sein Lager auf. Ursprünglich wurde der Bau als Karawanserei für ägyptische Mekkapilger errichtet. Am südlichen Ende der Corniche. *Tgl. 7.30–19 Uhr | Eintritt frei*

ESSEN & TRINKEN

BLUE BAY

Köstliche Fischgerichte, einfallsreiche Salate, lässiges Ambiente, nette Bedienung – hier stimmt alles. Einen Hauch teurer als die Konkurrenz, aber zu Recht. Nach dem Essen kommt ein Abstecher zur „Eisklappe" des Mövenpick-Hotels gut. *Tgl. | As-Sadah Street | Tel. 03 2 07 07 55* | €€

INSIDER TIPP CAPTAIN'S RESTAURANT

Exzellentes Fischrestaurant im Captain's Hotel auf hübscher Terrasse. Kein Alkohol. *Tgl. | Corniche, Al-Nahda Street | Tel. 03 2 01 69 05 und 03 2 06 07 10 | captains-jo.com* | €€

FLOKA

Sehr gutes Fischrestaurant neben dem Alcazar Hotel, in dem man sich den Fisch am Tresen selbst aussuchen kann. Mit Terrasse. *Tgl. | An-Nahda Street | Tel. 03 2 01 66 36* | €€

INSIDER TIPP HASEHM SONS

Einfach, aber blitzsauber und preisgünstig. Die knusprigsten Falafel, der cremigste Hummus und das feinste Bohnenmus *(ful)* in Aqaba. *Tgl. 6–24 Uhr | Raghadan Street (Abzweig von der Saada Street)* | €

ROMERO

Italienische, japanische und orientalische Küche im Royal Yacht Club. Von der Terrasse hat man einen wunderbaren Blick auf den Hafen. *Tgl. | Royal Yacht Club, Corniche | Tel. 03 2 02 24 04* | €€€

EINKAUFEN

Souvenirs und gute Fachgeschäfte gibt es an der Zahran-Straße, auch Post-Office-Street genannt. Hier finden Sie im Bookshop *Redwan* Lesestoff in Deutsch und Englisch. Auch die Al Saadah-Straße (Pizza Street) ist eine nette Shopping-Meile. Am Fort hat die Frauenkooperative *Souk Ayadi* eine Filiale. Die Einkaufszentren bieten chinesische Massenware.

FREIZEIT & SPORT

BOOTSTOUREN

Bei *Sindbad Cruises* können Sie die *Aladdin 24* mieten, ein schmuckes, 30 m langes INSIDER TIPP Segelschiff aus Holz, um eine Tour durch die Bucht zu machen.

MARCO POLO HIGHLIGHTS

★ **Coral Bay Hotel & Royal Diving Club**
In Aqaba: Der beste Spot für Schnorchler liegt an diesem Strand → S. 80

★ **Wadi Rum**
Stille der Wüste und Beduinenkultur fernab der modernen Zivilisation → S. 83

Oder Sie starten zu einem Tagesausflug per Motorboot zur *Pharaonen-Insel*. Sie werden an Bord bekocht. *Sindbad Maritime Transportation | Tel. 03 2 05 00 77 | www.sindbadjo.com*

INSIDER TIPP JANNA SPA

Hier erwartet Sie die gesamte Palette orientalischer Wellness. Besondere Pluspunkte: die unaufdringliche Bedienung und die erschwinglichen Preise. Nur für Frauen. *Sa–Do 9–21, Fr 12–21 Uhr | Al-Saadah Street | Reservierung empfohlen | Tel. 03 2 05 19 91 | www.janna-spa.com*

TAUCHEN

Aqaba Adventure Divers: PADI-Ausbildung 5*. Eine der besten Adressen in Aqaba, 10 km südlich oberhalb der Uferstraße. Übernachtung möglich, auch Vollpension. Wer nicht tauchen will, kann sich für 10 JD am Tag an den Pool legen. *20 Zi | Tel. 03 2 01 90 60 und 079 9 07 84 50 | www.aqaba-diving.com | €€*

Dive Aqaba: Alteingessener Club im Qidra Hotel (s. Übernachten). Im Angebot ist INSIDER TIPP Nachttauchen mit Unterwasserkamera. *Tel. 03 2 01 88 83 od. 079 6 69 90 08 | www.diveaqaba.com*

Royal Diving Club: Etablierter Tauchclub 17 km südlich. Vom Ponton am Strand aus können Sie sofort lostauchen. *Southern Coastal Road | Tel. 03 2 01 55 55 und 03 2 01 70 35 | www.rdc.jo*

Sea Star Watersports: In diesem Club unterrichten einige der besten Tauchlehrer der Stadt. *Al Saada Street | Tel. 03 2 01 83 35 | www.aqabadivingseastar.com*

STRÄNDE

Die öffentlichen Strände befinden sich südlich des Stadtzentrums. Zwischen Abschnitt 3 und 4 (Karte unter *www.aqaba.jo/en/node/1485*) liegt das Besucherzentrum. Toiletten, Duschen, Umkleidekabinen und fest installierte Sonnenschirme sind kostenlos. Freitags und samstags kann es sehr voll werden. Viele Hotels und Tauchclubs bieten gegen Eintritt Zugang zu ihren Privatstränden. Liege und Handtuch sind meist inbegriffen, in Fünf-Sterne-Hotels auch ein Gutschein für Essen und Getränke.

BARRACUDA DIVING CLUB

Beliebter Tauchclub an der Südküste. Internationale Standardausbildungen (PADI, BSAC) sowie individuell zugeschnittene Exkursionen, zu denen man die eigene Ausrüstung mitbringen kann. Von Aqaba-Zentrum fährt ein Shuttle-Bus, erfragen Sie die Zeiten vorab. *Strandzugang mit Liege 8 JD/Tag, Kinder 5 JD | Tel. 079 5 88 11 70 | www.barracuda-aqaba.com*

CORAL BAY HOTEL & ROYAL DIVING CLUB ★

Ein Ponton bietet die beste Möglichkeit für Schnorchler, direkt über Korallenbänken ins Wasser zu gelangen. Schöner Strand,

von dem man aber nicht direkt ins Wasser gehen darf, weil die Korallen bis ans Ufer reichen. *Eintritt 10 JD, für Taucher frei | 69 Zi. | Southern Coastal Road | Tel. 03 2 01 55 55 | www.coralbay.jo | €€€*

AM ABEND

RAKWET KANAAN

Zünftiges arabisches Essen, *shisha* und italienischer Cappuccino. Urgemütlich mit seinem Mix aus rustikaler Nostalgie und Pop-Art. Traditionelles arabisches Frühstück mit Tee, Thymianpizza und Frischkäsespezialitäten, traditioneller Auflauf mit Joghurt, arabischem Brot und Kichererbsen. Nachts eine der angesagten Adressen für *shisha*. *Tgl. 8.30–2 Uhr | Sa'adeh Street | Tel. 079 7 50 00 41*

ROVERS RETURN

Auf der Terrasse können Sie bei einem Drink den wunderbaren Blick über die nächtliche Bucht genießen. *Tgl. | im Gateway am Ayla Circle | Tel. 03 2 03 20 30 | www.roversreturnjordan.com*

ÜBERNACHTEN

Die Seeseite wird von den Fünfsternehotels mit eigenem Strand beherrscht. Günstigere Hotels liegen in der Stadt. Teilweise stehen Shuttles zur Verfügung, um Gäste an Strände im Süden zu bringen.

INSIDER TIPP AL QIDRA HOTEL AQABA

Sehr sauber, gute Betten, freundliches Personal. Ruhig und zentral. Klimatisierte Zimmer (bis zu fünf Betten). Vermittlung von Tauchkursen. *32 Zi. | Al-Saadah Street | Tel. 03 2 01 42 30 und 03 2 02 25 55 | www.alqidrahotelaqaba.com | €€*

ARAB DIVERS

Großzügige Anlage mit angeschlossener PADI und SSI Tauchschule und eigenem Tauchboot, ca. 12 km vom Stadtzentrum entfernt, für Taucher, Individualreisende, Gruppen und Familien. Freundlich eingerichtete, saubere Zimmer mit Bad, TV, Kühlschrank, Klimaanlage. Mit WiFi, Pool, Kinderbecken, Restaurant, Schnorchelverleih. Die Besitzer organisieren auch Ausflü-

Das Strandleben am Roten Meer in Aqaba bietet allerfeinste Entspannung

ge nach Wadi Rum und nach Petra. Tauchunterricht und Führungen auf Deutsch. *25 Zi., davon 2 für Familien| Tel. 03 2 03 18 08 und 079 5 07 85 65 | Southern Coastal Road | www.aqabadive.com* | €€

CAPTAIN'S HOTEL

Solides Mittelklassehotel im Stadtzentrum. Schön eingerichtete, helle Zimmer mit Bad, Klimaanlage, TV. Aufzug, Parkplätze, kompetentes Personal, faire Preise. Den Besitzern gehören auch ein Restaurant und ein Wüstencamp in Wadi Rum. *64 Zi. | Nahda Street | Tel. 03 2 06 07 10 | www.captains-jo.com* | €€

KEMPINSKI AQABA

Jüngste Fünfsterne-Herberge im Zentrum. Prachtvoller Ausblick auf den Golf von Aqaba und den Sinai. Schön für Reisende ohne Kinder und Geschäftsleute. Der Pool ist für Außenstehende nicht zugänglich, das Spa dürfen auch Nicht-Gäste nutzen (Gebühren auf Anfrage). *200 Zi. | King Hussein Street | Tel. 03 2 09 08 88 | www.kempinski.com/en/aqaba* | €€€

MÖVENPICK RESORT & SPA TALA BAY

Relativ neue Hotelanlage direkt am Roten Meer. Schön für Familien und Sportbegeisterte. Weitläufige, geschmackvoll gestaltete Anlage mit Aqualandschaften und Wellnessangeboten, 150 m breiter Hotelstrand, hauseigenes Korallenriff, Tauchschule, Fitness-Center, Kinderanimation. Italienische und arabische Küche, in der Open-Air-Lounge am Meer tagsüber Wasserpfeife und Cocktails, abends Bauchtanz. Tanzbar bis 3 Uhr früh geöffnet. Nicht-Hotelgäste können die Poolanlage für 30 JD/Tag nutzen. *306 Zi., davon 145 Familienzimmer für bis zu 5 Personen | Tel. 03 2 09 03 00 | www.moevenpick-hotels.com* | €€€

INSIDER TIPP MY HOTEL

Mittelklassehotel mit großem Pool und Restaurant, zentral (neben dem Floka Restaurant, Nähe Jett-Busstation). Etwas steril, aber sauber und komfortabel, freundliches Personal. Gäste können den Strand des nahegelegenen Interconti-Hotels für 15 JD pro Tag mitnutzen. *63 Zi., davon 5 Suiten und 2 Familienzimmer | Al-Nahda-Street | Tel. 03 2 03 08 90 | www.myhotel-jordan.com* | €€

RADISSON BLUE TALA BAY RESORT

Nichtgäste können Strand und Pool für 30 JD nutzen, wobei ein Voucher im Wert von 20 JD für Essen und Getränke enthalten ist. *336 Zi. | Tel. 03 2 09 07 77 | short.travel/jor9* | €€€

RAED HOTEL SUITES

Zentral, ruhig, sauber, freundliches Management. Zimmer für eine bis fünf Personen, einige (vierte Etage) mit Meer-

LOW BUDG€T

Südlich des Zentrums von Aqaba **(124 B5)** ***(A13)*** können Sie kostenlos baden und Sonnenschirme, Umkleideräume und Duschen (Flip-Flops mitbringen) nutzen. Erkennbar an einem alten, zum Café umgebauten Holzschiff.

Elektrokleingeräte sollten Sie in Aqaba **(124 B5)** ***(A13)*** kaufen. In der Duty-free-Zone sind viele Artikel um bis zu 20 Prozent billiger als sonst.

Vom mamelukischen Fort in Aqaba **(124 B5)** ***(A13)*** fahren von 6 bis 18 Uhr blaue Minibusse (gelbes Schild: „South Beach") für 1 JD an den Südstrand.

blick und/oder Balkon. Zimmer gefliest, Klimaanlage, Kühlschrank. Satelliten-TV, WiFi kostenlos. *57 Zi. | Saada Street | 03 2 01 86 86 | www.raedhotel.com | €€*

AUSKUNFT

Tourist Information Center | tgl. 8–18 Uhr | Al-Hammamat Al-Tunisiyya Street | Tel. 03 2 03 53 60 | www.aqaba.jo

WADI RUM

(124 C4–5) (*B–C 12–13*) ★ **„Unermesslich, vom Echo widerhallend, göttlich" – so hat Lawrence von Arabien diese Wüstenlandschaft bezeichnet.**

Vor 30 Mio. Jahren wurden die Gesteine aus tieferen Erdschichten emporgeworfen, teils ragen sie wie Säulen oder Pfeiler aus der Erde. Die Felsformation links vor dem neuen Besucherzentrum heißt auch „Die sieben Säulen der Weisheit", benannt nach der Autobiografie von T. E. Lawrence. Die durch die großen Temperaturunterschiede zwischen Tag und Nacht bedingte extreme Erosion hat das Massiv weiter zerklüftet und zu phantastischen Formen aufgesprengt.

Das Wadi Rum gehört zum Territorium des Howeitat-Stamms. Ein Teil der Howeitat lebt im Dorf *Rum*. Da die Zentralregierung auch an den Touristen im Wadi Rum mehr mitverdienen will, empfängt die Besucher etwa 6 km vor dem Dorf ein riesiger Parkplatz. Im Besucherzentrum buchen Reisende eine festgelegte Tour und bekommen einen Beduinen als Führer. Da die Bewohner des Wadi Rum nicht wollen, dass Rivalen aus dem nahe gelegenen *Disi* in ihrem Revier arbeiten, wurden verschiedene Zonen geschaffen. Achten Sie darauf, dass Sie eine Tour wählen, die in Rum beginnt, die Tour ist landschaftlich besonders spektakulär. Das können Sie sicherstellen, indem Sie den Nabatäer-Tempel auf Ihre Wunschliste setzen. Auf jeden Fall sollten Sie eine Nacht im Wadi Rum im Beduinenzelt verbringen. Der Sonnenuntergang und der Sternenhimmel sind traumhaft.

Um die Felsschluchten des Wadi Rum sind Jeeps ein Hauptverkehrsmittel

SEHENSWERTES

AIN SHELAALI (LAWRENCE-QUELLE)

Es gibt nabatäische Inschriften, sonst ist der Ort wenig aufregend. Wenn Sie ein Stück klettern, haben Sie einen schönen Blick über das Wadi Shelaali.

BURDAH-FELSENBRÜCKE (ROCK BRIDGE)

Tief im Wadi versteckt hat sich diese natürliche Felsenbrücke in etwa 80 m Höhe gebildet. Mutige klettern hinauf und lassen sich fotografieren, was aber nicht ganz ungefährlich ist.

KLEINER SIQ

Enge Felsschlucht mit natürlichen Wasserbecken. *Jabal Khazali*

LAWRENCE HOUSE

Ein Haufen Steine erinnert an die Unterkunft, in der der britische Abenteurer übernachtete. Die nahe gelegene rote Sanddüne ist einen Abstecher wert.

NABATÄER-TEMPEL

Etwa 500 m hinter dem Dorf am Eingang zum Wadi Rum sind die Reste eines Nabatäer-Tempels (1. Jh.) zu sehen, der später von den Römern vergrößert wurde.

INSIDER TIPP ORYX-GEHEGE

In diesem Gehege können Sie die weißen Oryx-Antilopen bewundern, die durch die Jagd fast ausgerottet worden waren. 2002 wurde hier eine kleine Herde dieser Säbelantilopen wieder angesiedelt.

UMM FROUTH

Die sogenannte Kleine Brücke ist für Fotos genauso geeignet wie die Burdah-Felsenbrücke. Da dieser Felsbogen sich nur etwa 20 m über dem Boden erhebt, ist er leichter zu besteigen. Schwindelfrei sollte man aber dennoch sein.

ESSEN & TRINKEN

Im Besucherzentrum gibt es mit dem *Wadi Rum Gate Restaurant (tgl. | Tel. 03 2 06 07 10 | €€)* ein sehr gutes, klimatisiertes, aber nicht ganz billiges Lokal. Daneben stehen einige kleine Restaurants zur Auswahl. Am besten ist es, sich von Beduinen im Zelt bekochen zu lassen.

FREIZEIT & SPORT

BALLONFAHRTEN

Der Royal Aero Sports Club of Jordan bietet professionell geführte Heißluftballonfahrten an. Termine werden individuell vereinbart und hängen von den Wetterbedingungen ab. Dauer inkl. Transport im Wadi Rum ca. 3 Std. *Tel. 079 7 30 02 99 | www.rascj.com*

KLETTERN

Zum Klettern sollten Sie einen der lokalen Führer mitnehmen; Vermittlung im Besucherzentrum oder direkt: *Attayak Aouda, Tel. 079 5 83 47 36, attayak@rumguides.com | Attayak Ali, Tel. 079 5 89 97 23, info@bedouinroads.com | Saleem Ali, Tel. 079 6 48 28 01, saleemali@jordantracks.com | Attayak Zalabiya, Tel. 079 5 60 96 91*

TOUR MIT BEDUINEN

Es gibt eine Möglichkeit, direkt mit einem Beduinen Ihren Aufenthalt zu organisieren. Senden Sie mindestens 48 Stunden vor dem Besuch eine E-Mail (in Englisch), damit er die Erlaubnis der Behörden einholen kann. Das lohnt sich, wenn Sie in einem bestimmten Beduinenlager übernachten wollen. Einen der schönsten Standorte hat das INSIDER TIPP *Lager von Zidane Al-Zalabieh (Tel. 03 2 03 41 77 | zedn_a@yahoo.com)*, der gelegentlich islamische Poesie vorträgt. Wenige Kilometer wei-

Abenteueromantik im Wadi Rum: Leben wie die Beduinen

ter hat sein Bruder *Eid* sein Lager *(Tel. 03 2 03 53 21 | eidsabah@yahoo.com)*. Die Brüder kennen eine spannende Tour zum *Wadi Sabet* (auch *Tariq Abu Gaspard)*. Auf dem Berg hat man einen Rundblick bis zu den saudischen Bergen, im Tal verläuft eine enge Schlucht.

ÜBERNACHTEN

ÜBERNACHTEN IM BEDUINENZELT

Übernachten Sie im Wadi Rum im Beduinenzelt in der Wüste *(mit Abendessen und Frühstück 35 JD pro Person)*. Das können Sie im Besucherzentrum arrangieren. Nehmen Sie aus hygienischen Gründen Bezüge für Kissen und Bett mit, im Winter ist ein Schlafsack sinnvoll. Bei Disi wurden Beduinenlager mit elektrischem Licht und Disko aufgebaut. Die Stille der Wüste erleben Sie dort nicht.

Eine schöne Adresse ist das INSIDER TIPP *Captains Desert Camp (Tel. 03 2 01 69 05 | www.captains-jo.com)*. Auch das *Bait Ali Camp (Tel. 079 5 54 81 33 und 077 7 54 81 33 | www.baitali.com)* bietet Wüstenfeeling mit Zeltübernachtung und Komfort. Ausflüge in die Wüste mit Jeep oder Quad, Reittouren oder Ballonfahrten.

ZELTLAGER AM RESTHOUSE

Die einzige Übernachtungsmöglichkeit in Rum ist das Zeltlager am Resthouse. Zweimannzelte stehen hier wenig romantisch neben dem Parkplatz. *30 Zelte für je zwei Personen | Tel. 03 2 01 88 67 | €*

AUSKUNFT

Besucherzentrum am Eingang zum Wadi Rum | tgl. 8–19 Uhr | Eintritt 5 JD | Tel. 03 2 09 06 00 | Mitnahme des eigenen Pkw 20–35 JD pro Tag | Pkw mit Vierradantrieb und Führer (für bis zu sechs Personen): für einen halben Tag 70 JD, für einen ganzen Tag mit komplettem Besuchsprogramm 80 JD | Kamelritt halber Tag 25 JD

ERLEBNISTOUREN

1 JORDANIEN PERFEKT IM ÜBERBLICK

START: 1 Amman
ZIEL: 22 Aqaba

Strecke:
1120 km

12 Tage
reine Fahrzeit
22 Stunden

KOSTEN: 2550 Euro/Person für Mietwagen, Benzin, Übernachtungen, Verpflegung und Eintritte
MITNEHMEN: Sonnenschutz, Wanderschuhe, Badesachen, Verbandszeug, ggfs. Regensachen, GPS-Gerät, Straßenkarten, Kamera

ACHTUNG: Wegen Straßenreparaturen v. a. in den Sommerferien viele Umleitungen. Im Toten Meer nur baden, wenn eine Süßwasserdusche in der Nähe ist! Wadi-Trekking wegen Blitzüberschwemmungen nur im Sommer!

Jeder Zipfel dieser Erde hat seine eigene Schönheit. Wenn Sie Lust haben, die einzigartigen Besonderheiten dieser Region zu entdecken, wenn Sie tolle Tipps für lohnende Stopps, atemberaubende Orte, ausgewählte Restaurants oder typische Aktivitäten bekommen wollen, dann sind diese maßgeschneiderten Erlebnistouren genau das Richtige für Sie. Machen Sie sich auf den Weg und folgen Sie den Spuren der MARCO POLO Autoren – ganz bequem und mit der digitalen Routenführung, die Sie sich über den QR-Code auf S. 2/3 oder die URL in der Fußzeile zu jeder Tour downloaden können.

Eine Reise durch Jordanien ist immer auch eine Reise durch die Zeit, so viele historische Kulturschätze erwarten Sie. Auf Ihrer Reise von Norden nach Süden erleben Sie Wüste und fruchtbare Täler, das Tote Meer, die weltberühmte Felsenstadt Petra und schließlich entspanntes Strandleben am Roten Meer.

TAG 1
1 Amman

Zu Beginn steht eine ausführliche Stadtbesichtigung von **1 Amman → S. 32** auf dem Programm, **über den Zitadellenhügel → S. 35 hinein in die City,** wo Sie bei einem arabischen Mokka die Atmosphäre auf sich wirken lassen können. Das **Arthotel → S. 41** liegt mitten in Downtown

Bild: Zeit für eine Pause am Ed-Deir in Petra

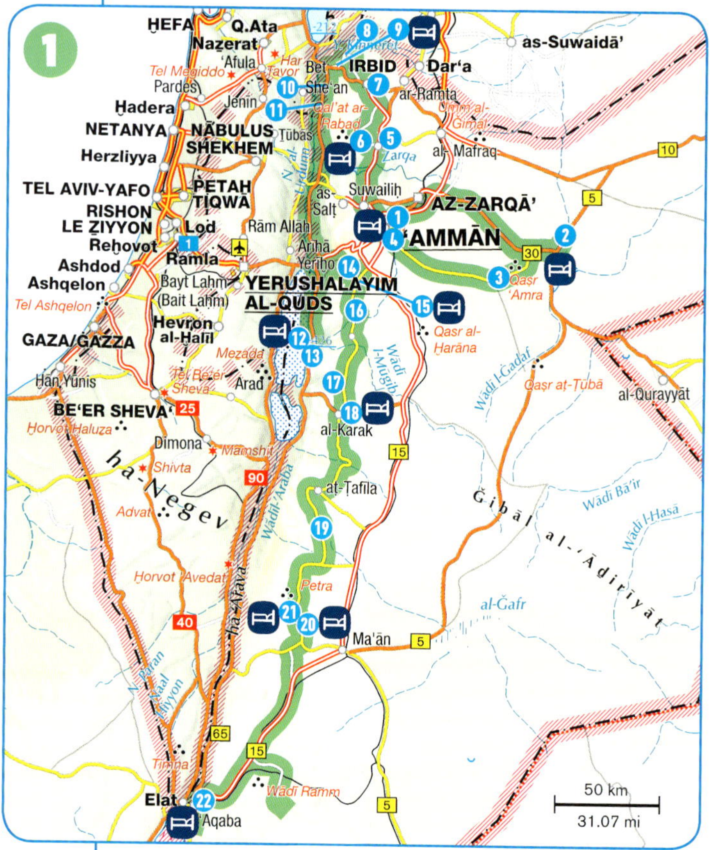

– eine schöne Gelegenheit, den Alltag der Menschen mitzuerleben.

TAG 2

109 km

❷ Feuchtlandreservat Azraq

Am nächsten Tag geht es mit dem Mietwagen ins **❷ Feuchtlandreservat Azraq → S. 52, zunächst in Richtung Zarqa, dann auf der Nationalstraße Nr. 30 Richtung Azraq.** Checken Sie in Ihrem Hotel ein, der Weg zu den komfortablen, originellen **Azraq Lodges → S. 52** ist ausgeschildert. INSIDER TIPP Leihen Sie sich Fahrräder und erkunden Sie das Schutzgebiet, am besten mit einem Guide.

TAG 3

Morgens fahren Sie zunächst dieselbe Strecke, die Sie gekommen sind, dann geht es weiter auf die Nationalstra-

ße 40. Diese führt auf dem Weg nach Amman an den „Top Two" der Wüstenschlösser vorbei: Besichtigen Sie das 3 Qasr Amra → S. 53 mit seinen berühmten erotischen Wandmalereien, das majestätische Qasr al-Kharana → S. 54 sehen Sie von Weitem. Zurück in 4 Amman unternehmen Sie einen Spaziergang durch den abendlichen Jabal Weibdeh und beschließen den Tag mit einem Glas Wein und einem leichten Dinner im jungen Books@Cafe → S. 37 im benachbarten Ausgehviertel Jabal Amman, bevor Sie noch einmal im Arthotel übernachten.

Am nächsten Tag geht es zeitig **Richtung Norden. Die Nationalstraße 35 nach Jerash und Irbid schlängelt sich über malerische grüne Hügel und den Zarqa-Fluss. Nach ca. 49 km erreichen Sie die Abzweigung nach** 5 Jerash → S. 47, wo Sie sich 2 bis 3 Stunden Zeit für die Besichtigung der antiken Ruinenstadt nehmen sollten. **Im nahegelegenen** 6 Ajloun → S. 42 wartet die herrlich gelegene, gut erhaltene Burganlage → S. 42. Stärken Sie sich nach der Besichtigung im Besucherzentrum mit leckeren lokalen Spezialitäten und erfahren Sie dabei einiges über lokale Frauenprojekte. Die Nacht verbringen Sie in der Ajloun Forest Lodge → S. 44.

Nach einer erholsamen Nacht brechen Sie morgens nach 7 Irbid → S. 45 auf. **Die N 55 führt Sie direkt ins Zentrum der drittgrößten Stadt des Landes, an der Yarmuk-Universität vorbei, Richtung Altstadt und zum renommierten** Museum of Jordanian Heritage → S. 45 der Universität. Nach dessen Besuch sollten Sie das kleine, aber sehr feine Stadtmuseum Dar Saraya → S. 45 nicht verpassen. Trinken Sie einen Tee am Uhrenturmplatz. **Kurz vor Mittag fahren Sie weiter zu den außergewöhnlichen Ruinen und Ausgrabungsstätten von** 8 Umm Qais → S. 47, das antike Gadara **(45 Min. auf der Nationalstraße Nr. 10).** Lassen Sie sich zum Mittagessen im geschmackvoll eingerichteten Resthouse → S. 47 mit Blick auf den Tiberias See (See Genezareth) und das Dreiländereck Jordanien/Syrien/Israel nieder. **Danach zockeln Sie hinunter ins Jordantal und übernachten im wenige Kilometer entfernten** 9 Murshed Motel → S. 46.

Am nächsten Morgen genießen Sie das Frühstück auf der Terrasse mit Blick auf einen See. **Über die N 10 und die N 65 geht es – vorbei am Grenzübergang nach Israel – zum** 10 Shaharbil Eco Park *(bei Pella | Tel. 06 5 86 66 02 44 |*

32 km
3 Qasr Amra
84 km
4 Amman
TAG 4
49 km
5 Jerash
22 km
6 Ajloun
TAG 5
43 km
7 Irbid
33 km
8 Umm Qais
11 km
9 Murshed Motel
TAG 6
15 km
10 Shaharbil Eco Park

10 km

11 Pella

119 km

12 Mujib Chalets

TAG 7

2 km

13 Totes Meer

58 km

14 Berg Nebo

9 km

15 Madaba

TAG 8

54 km

16 Königsstraße

76 km

17 Wadi Ibn Hammad

35 km

18 Kerak

TAG 9–10

95 km

19 Naturreservat Dana

jordanecopark.com), wo Sie sich aus erster Hand über die Flora und Fauna des Jordantals informieren. Kurz darauf, in 11 Pella → S. 58 **fahren Sie den Hügel hinauf zum malerischen** Pella Rest House → S. 58 und lassen bei einem würzigen arabischen Mokka die phantastische Aussicht über die Äcker und Felder des Jordantals auf sich wirken. **Nach dieser Pause geht es in einem Rutsch ans Tote Meer, direkt ins Hotel,** die originellen 12 Mujib Chalets → S. 62.

Zeit, um ins 13 Tote Meer → S. 60 zu springen: Packen Sie die Badesachen aus und erleben Sie am **Amman Beach** → S. 63, wie es sich anfühlt, im Salzwasser zu schweben. **Vom Strand aus ist es nicht mehr weit** zum 14 **Berg Nebo** → S. 70. Besichtigen Sie die **Basilika** → S. 70 und genießen Sie die überwältigende Landschaft, bevor es weiter **bergauf nach** 15 **Madaba** → S. 69 geht, wo Sie zum Abschluss des Tages noch einmal in den Pool des **Mariam Hotels** → S. 70 springen können.

Am nächsten Morgen bewundern Sie in der **St.-Georgs-Kirche** → S. 70 die alte Mosaikkarte Palästinas. Anschließend **verlassen Sie die Stadt Richtung Süden und fahren auf der alten** 16 **Königsstraße** → S. 64 **nach Süden. Sie passieren das Wadi Mujib → S. 64 und stoppen am** 17 **Wadi Ibn Hammad bei Kerak (Abzweig rechts Richtung Batir, Beschilderung folgen, Auto an den heißen Quellen abstellen).** Die Schlucht ist wegen ihrer üppigen, tropisch anmutenden Vegetation besonders sehenswert und selbst Anfänger mit mittlerer Kondition können sie ohne Probleme begehen. Allerdings müssen Sie sich auf nasse Füße gefasst machen, denn **die 3–6 km lange Wanderung führt am Rand des Flussbetts entlang in die Schlucht hinein.** Achten Sie bei der Wanderung auf seltene Tiere (kleine braune Blanford-Füchse, den jordanischen Garra-Fisch) und auf leuchtend bunte, von Mineralien verfärbte Felsen. **Nach rund 1,5 Std. Gehzeit endet der Siq und das Flussbett verbreitert sich.** Nehmen Sie unter dem **Wasserfall** rechter Hand ein Duschbad, rasten Sie und **gehen Sie dann wieder zurück zum Parkplatz. Eine knappe Stunde später sind Sie in** 18 **Kerak** → S. 67, wo neben der berühmten **Kreuzfahrerburg** auch die belebte **orientalische Marktstraße** einen Besuch lohnt. Hier können Sie im neu erbauten **Falcon Rock Hotel** → S. 68 übernachten.

Weiter geht es Richtung Süden, bis ein Abstecher zum 19 **Naturreservat Dana** → S. 64 führt, das zum Wandern einlädt. **Das nächste Ziel** ist der Höhepunkt jeder Jordanien-Rundreise: die berühmte Nabatäerstadt ⑳ **Petra → S. 72**. Für die Erkundung dieses Weltwunders aus rotem Sandstein nehmen Sie sich einen vollen Tag Zeit. Sie checken im **Petra Moon Hotel** *(48 Zi. | Tel. 03 2 15 62 20 | www.petramoonhotel.com | €€–€€€)* **direkt am Eingang zum Siq** ein und genehmigen sich in der samtweichen Luft einen Sundowner. Am nächsten Tag beginnen Sie frühmorgens mit der Besichtigung der Nabatäerstadt Petra.

60 km

⑳ Petra

Nach der zweiten Nacht in Petra führt die Reise weiter: **Fahren Sie am Wadi Musa entlang zurück zum Desert Highway und ins ㉑ Wadi Rum → S. 83**, wo Sie im **Rum Stars Bedouin Camp** *(20 Zelte | Tel. 07 95 12 70 25 | www.rumstars.com)* im typischen schwarzen Ziegenhaarzelt der Beduinen übernachten. Vorher geht es aber noch auf **Jeeptour** und zum Barbecue, am Lagerfeuer lernen Sie die Musik und die Dichtung der Wüstenbewohner kennen.

TAG 11

121 km

㉑ Wadi Rum

Der letzte Tag Ihrer Reise führt Sie **in den Südzipfel des Landes nach ㉒ Aqaba → S. 77**. Bei einer Tauchtour → S. 80 geht es zu den bunten Korallenriffen im Roten Meer; relaxen Sie bei einem stilvollen Dinner im **Royal Yacht Club → S. 77**. Übernachtet wird in der großzügigen Hotelanlage **Arab Divers → S. 81**.

TAG 12

70 km

㉒ Aqaba

2 AUF DEN SPUREN DER BIBEL

START: ① Amman
ZIEL: ① Amman

Strecke:
150 km

1 Tag
reine Fahrzeit
3–4 Stunden

KOSTEN: 125 Euro für Mietwagen, Benzin, Eintritte und Verpflegung (Angabe pro Person)
MITNEHMEN: Viel Trinkwasser, Sonnenschutz, stabile Schuhe, Badesachen, Handtücher, Picknick (am Toten Meer), lange Hosen und langärmelige Oberteile (da Besuche religiöser Stätten und Kirchen auf dem Programm stehen)

ACHTUNG: Denken Sie daran, dass Sie nach einem Bad im **Toten Meer** auf jeden Fall eine Dusche mit Süßwasser brauchen. Fahren Sie zeitig los, vor allem im Winter gewähren manche historische Stätten Einlass nur bis 15 Uhr. Reservieren Sie einen Tisch fürs Dinner im Restaurant **Vinaigrette**.

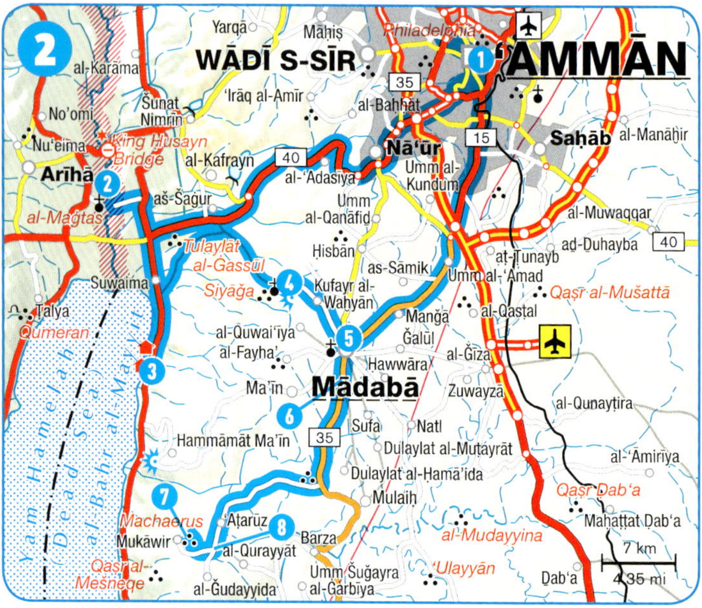

In Jordanien dient die Bibel auch als Reiseführer. Entlang der Jordansenke, auf den Anhöhen über dem Toten Meer und bis ins Wadi Araba wandeln Sie auf den Spuren der Gründer von Judentum und Christentum.

❶ Amman

56 km

❷ Taufstätte Jesu

23 km

❸ Amman Beach

29 km

08:00 **Das Jordantal ist Ausgangspunkt dieser eindrucksvollen Tour durchs Heilige Land. Von ❶ Amman → S. 32 aus erreichen Sie das erste Ziel in etwa 40 Minuten mit dem Auto über die Nationalstraße Nr. 40, die sich als spektakuläre Panoramastraße bergab Richtung Totes Meer windet. An einer T-Kreuzung geht es links (südlich) ans Tote Meer, Sie fahren nach rechts zur ❷ Taufstätte Jesu (Al-Maghtas) → S. 59**: Hier soll Bethanien liegen, der Ort, an dem Johannes der Täufer lebte und Jesus taufte.

Fahren Sie nach der etwa zweistündigen Visite auf derselben Straße zurück und an der Abzweigung nach Amman geradeaus Richtung Sweimeh: Es ist Zeit, sich am öffentlich zugänglichen **❸ Amman Beach → S. 63** entweder im Pool zu erfrischen oder ein Bad im **Toten Meer → S. 60** zu nehmen. Nach einem Picknick **führt der Weg zurück Richtung Amman, bis es im Dorf Kufrein rechts in Richtung**

Madaba abgeht (Schilder). Die Straße schlängelt sich wunderschön aufwärts bis zum 4 Berg Nebo → S. 70. Hier soll Moses nach dem Auszug aus Ägypten das Gelobte Land gesehen haben (5. Buch Mose 34). Begraben sein soll er „gegenüber Beth-Peor" (5. Buch Mose 34,6): Das biblische Beth-Peor liegt östlich des Berges Nebo bei den Moses-Quellen, das Grab von Moses ist jedoch unbekannt.

13:00 Nach der Besichtigung **fahren Sie weiter in die christlich geprägte Stadt 5 Madaba → S. 69** mit ihren zahlreichen Kirchen wie etwa die **St.-Georgs-Kirche → S. 70**. Das traditionelle Restaurant **Haret Jdouna → S. 70** lädt zu einer Pause ein. In der **Mosaikschule** *(beim Archäologischen Park)* können Sie den Handwerkern bei der Arbeit zuschauen und Mosaiken kaufen.

15:00 **Wenn Sie von Madaba aus die 6 Königsstraße → S. 64 nach Süden nehmen,** befinden Sie sich auf einem der ältesten Verkehrswege der Welt. **12 km südlich von Madaba stoßen Sie auf die Abzweigung nach Mukawir**. In Machärus, wie der Ort einst hieß, sind heute nur noch einige Fundamente der **7 Herodes-Festung → S. 71** zu sehen. König Herodes Antipas nahm Johannes den Täufer gefangen, weil dieser ihm öffentlich doppelten Ehebruch vorwarf. Johannes wurde enthauptet, Salome brachte der Mutter das Haupt auf einer Schale (Markusevangelium 6,14 bis 6,29). Der steile Aufstieg *(ca. 30 Min. | Tickets im Besucherzentrum ca. 500 m vor dem Eingang zur Anlage links)* erfordert etwas Kondition, aber Sie werden mit einer phantastischen Aussicht belohnt.

Auf dem Rückweg von Mukawir finden Sie nach ca. 3 km links einen Gebäudekomplex mit den 8 INSIDER TIPP **Werkstätten und Verkaufsräumen der Bani Hamida**. Halten Sie hier unbedingt für einen Besuch an, der Beduinenstamm ist berühmt für seine farbenfrohen, handgewebten Teppiche. Zurück in **1 Amman** wartet ein leichtes Dinner im schicken Sushi-Restaurant **Vinaigrette → S. 40** mit Blick auf die glitzernde nächtliche Skyline von Amman.

4 Berg Nebo
9 km
5 Madaba
4 km
6 Königsstraße
32 km
7 Herodes-Festung
6 km
8 Werkstätten und Verkaufsräume der Bani Hamida
66 km
1 Amman

Göttliche Aussicht: Vom Berg Nebo aus erblickte Moses das Gelobte Land

3 AMMAN ZU FUSS ENTDECKEN

START: ❶ Römisches Theater
ZIEL: ⓰ Terrasse Royal Film Commission

Strecke:
➡ 9 km

1 Tag
reine Gehzeit
2–3 Stunden

KOSTEN: 15 Euro für Taxi und Verpflegung
MITNEHMEN: Trinkwasser, stabile Schuhe, Sonnenschutz, evtl. Regensachen

Amman ist angesagt! Die traditionsreiche Rainbow Street in Jabal Amman hat sich zur Partymeile entwickelt, in der Downtown eröffnen neue Hotels und Cafés, und auch das schöne alte Wohn- und Kulturviertel Jabal Weibdeh wandelt sich zur Ausgeh- und Shoppingadresse.

- ❶ Römisches Theater
- 400 m
- ❷ Nymphäum
- 50 m
- ❸ Markt
- 44 m
- ❹ Souvenirläden
- 1 km
- ❺ Jordan Museum
- 1 km
- ❻ Saftkiosk
- 400 m
- ❼ Duke's Diwan
- 100 m
- ❽ Jerusalem-Restaurant
- 130 m
- ❾ Kalha-Treppe
- 200 m
- ❿ Darat Al Funun

09:00 **Sie starten am ❶ Römischen Theater → S. 36 und gehen in Richtung Downtown (Saqf As-Sail): Nach ca. 100 m liegt rechts von Ihnen das ❷ Nymphäum → S. 36. Biegen Sie rechts ab, machen Sie einen kleinen Abstecher auf den dortigen ❸ Markt und gehen Sie weiter auf die Parallelstraße.** Dort finden Sie zahlreiche gutsortierte **❹ Souvenirläden** zum Stöbern. **Einige 100 m weiter stoßen Sie auf die Al-Hussein-Moschee → S. 34, von der es wenige 100 m bis zum neu erbauten ❺ Jordan Museum → S. 35** sind. **Nach dem Besuch gehen Sie zurück zur Moschee, wo Sie direkt gegenüber einen typisch „ammanitischen" ❻ INSIDER TIPP Saftkiosk** für eine Erfrischung finden. **Gehen Sie auf der Feisalstraße weiter in Richtung Innenstadt. Nach ca. 200 m werfen Sie einen kurzen Blick in den urigen Künstlertreff ❼ Duke's Diwan → S. 35** im Gründerzeitgebäude der ehemaligen Bank of Palestine.

12:00 **Von hier aus sind es nur wenige Schritte zum Mittagessen im ❽ Jerusalem-Restaurant (Mat´am al Quds) → S. 36**, einer kulinarischen Institution in Amman. **Auf der anderen Seite der King Hussein Street wartet danach die berühmte ❾ Kalha-Treppe, die das quirlige alte Stadtzentrum mit dem ruhigen Wohn- und Künstlerviertel Jabal Weibdeh verbindet,** das viele für die Seele Ammans halten. **Am Ende der Treppe biegen Sie rechts ab, danach links in die Nadim-Al-Mallah-Straße. Zu Ihrer Rechten sehen Sie das untere Ende des ❿ Darat Al Funun → S. 35**, eine Kultureinrichtung der Shoman-Stiftung. Nach deren ausführlichen Erkundung **gehen Sie weiter bergauf, biegen am Luzmila-Krankenhaus ab, gehen über den Parkplatz und nehmen die Straße bergauf, die rechter Hand liegt. Sie führt zum** ⑪ **Paris-Platz**, das Herz des Jabal Weibdeh, um den sich Geschäfte, Lokale und Cafés scharen, etwa die **Patisserie Fayrouz** *(tgl. bis 23 Uhr | Kulliyat Al ShareeAh Street 11 | facebook.com/fayrouzpatisserie)*, eine der besten Jordaniens, und der witzige T-Shirt-Laden **Jobedu** *(Baouniyyeh Street 10 | www.jobedu.com)*. **Gehen Sie bis zum Ende der Kulliat Al Shareea Street, biegen Sie einmal links dann wieder rechts ab: Sie erreichen den gepflegten Weibdeh Park *(Muntazah Al Weibdeh),*** an dem die ⑫ **Jordanische Nationalgalerie** → S. 36 liegt.

17:00 **Nach dem Kunstgenuss geht es ins Viertel** Jabal Amman: **Nehmen Sie ein Taxi zum 1st circle und lassen Sie sich am Anfang der** ⑬ **Rainbow Street** → S. 18 **absetzen. Nach etwa 1 km Bummel liegt links in der Fawzi al-Maalouf Street die** ⑭ **Jordan River Foundation** → S. 38, wo Sie Souvenirs erstehen können. **Gehen Sie nun weiter bergab und biegen Sie in der Uthman-Bin-Affan-Straße rechts ab, zum** ⑮ **Café Wild Jordan** → S. 37, wo Sie bei einem ausgezeichneten Abendessen auf der Terrasse die Aussicht auf die Stadt genießen. **Danach geht es zurück in die Rainbow Street: Biegen Sie links ab, solange,**

400 m
⑪ Paris-Platz
2 km
⑫ Jordanische Nationalgalerie
3 km
⑬ Rainbow Street
340 m
⑭ Jordan River Foundation
200 m
⑮ Café Wild Jordan
400 m

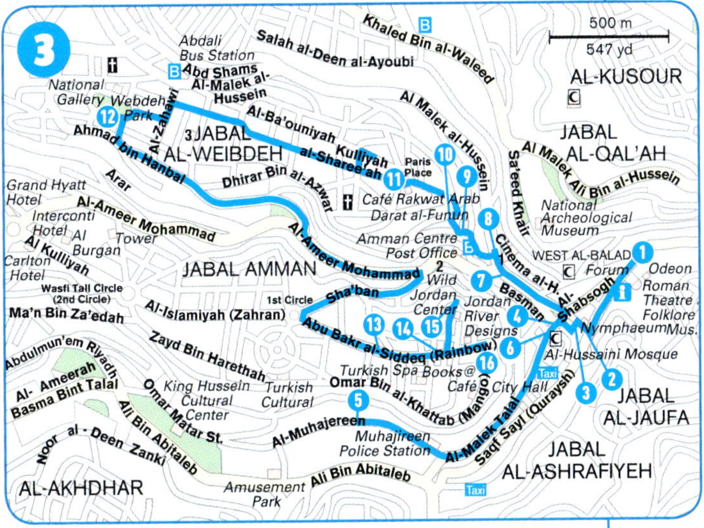

Detailreich gearbeitet: 2000 Jahre alte Kunst am Qasr al-Abd

⑯ Terrasse der Royal Film Commission

bis sie abschüssig wird und biegen Sie dann rechts in die sogenannte Mango Street ein: Auf der ⑯ **Terrasse der Royal Film Commission** → S. 41 warten traumhafte Fotomotive der Stadt.

4 DIE ENTDECKERROUTE: LIEBLICHE HÜGEL UND HISTORISCHE ORTE

START: ① Amman
ZIEL: ① Amman

Strecke:
100 km

1 Tag
reine Fahrzeit
2 Stunden

KOSTEN: 80 Euro für Mietwagen, Benzin, Verpflegung
MITNEHMEN: Stabile Schuhe, Sonnenschutz, ggfs. Regenjacke, Picknick

ACHTUNG: ⑦ **Mountain Breeze Country Club**: vorher anrufen und Öffnungszeiten klären!

Nehmen Sie sich die Zeit für einen Tagesausflug in die Umgebung Ammans, die nahegelegene Region Balqa, in die Dörfer Iraq Al Amir und Fuheis sowie in die ehemalige Hauptstadt Salt. Sie werden staunen, wie grün Jordanien sein kann.

① Amman

13 km

② Fluss

9 km

Von ① Amman **→ S. 32** **aus fahren Sie Richtung Wadi as-Sir. Der kleine ② Fluss, den Sie von der Straße aus sehen,** bietet sich für ein Picknick an, außerdem sehen Sie Reste römischer Aquädukte. Im Frühjahr entdecken Sie auf den Wiesen vielleicht eine Schwarze Iris, die jordanische Nationalblume.

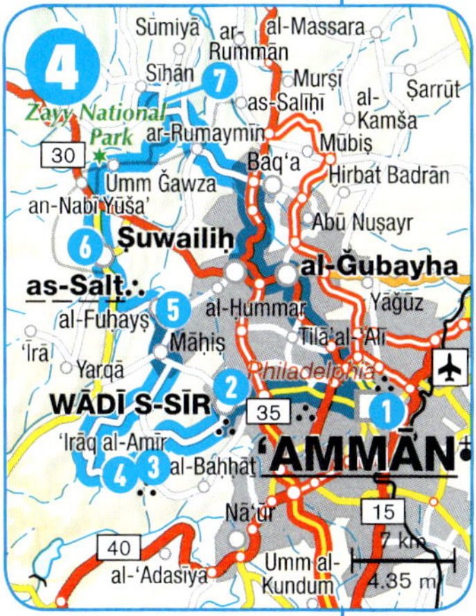

Etwa 10 km weiter erreichen Sie das Dorf ❸ INSIDER TIPP **Iraq al-Amir (Höhle des Prinzen)**. **Folgen Sie der Beschilderung** und besuchen Sie die in den Fels gehauenen **Grotten**, erreichbar über steile Treppen. **Etwas weiter auf der linken Seite fahren Sie mit dem Auto über eine kleine Straße zum** ❹ **Qasr al-Abd (Sklavenschloss)**. Das im 2. Jh. v. Chr. entstandene Bauwerk ist eine der wenigen gut erhaltenen Ruinen aus hellenistischer Zeit. **Über Wadi as-Sir fahren Sie am malerischen Wadi Shu'aib entlang nach** ❺ **Fuheis**. **Im Ortsteil Al Balad haben sich an der Rowaq-Al-Balqa-Straße** rund ein Dutzend **Kunsthandwerker** niedergelassen. Mittagsrast machen Sie im wunderschönen Restaurant-Café **Zuwwadeh** *(tgl. | 80 m nach dem Verkehrskreisel am Ende der King Abdullah II. Street | facebook.com/zuwwadeh | €€)*.

Von Fuheis folgen Sie der Beschilderung und fahren weiter ins meist kühlere ❻ **Salt** (griechisch „Saltos", der Wald), einst das kulturelle und politische Zentrum des Landes. 1921 wurde in Salt die Gründung des Staates Jordanien proklamiert. Beginnen Sie den Rundgang mit dem **Archäologischen Museum** *(April–Okt. Sa–Do 8–16, Nov.–März Sa–Do 8–17 Uhr | Eintritt 2 JD | Deir Street (Prince Hamza Street))*. Die Ausstellung ist klein, aber es macht Spaß, das verwinkelte Gebäude aus dem 19. Jh. zu erkunden. **Folgen Sie anschließend der Straße ca. 150 m bergauf, biegen Sie links ab in den kleinen arabischen Souk in der Hammamat-Straße. Am Ende der Straße finden Sie an einem Platz linker Hand das** **Stadtmuseum** *(So–Do 8–15 Uhr | Eintritt 2 JD | Wadi Al Akrad Street)*. Nach einem Rundgang durch den italienisch-orientalisch gestylten Wohnpalast trinken Sie einen Mokka im INSIDER TIPP **Museumscafé** des Abu Jaber House, das von einer Frauenkooperative betrieben wird. **Anschließend überqueren Sie den Platz in Richtung Berg. Folgen Sie dem markierten, atmosphärischen** INSIDER TIPP **Heritage Trail, rechts neben der Moschee treppauf,** zurück ins Stadtzentrum.

Zum Abendessen **fahren Sie in den 15 km entfernten** ❼ **Mountain Breeze Country Club** → S. 59, bevor es in ca. 45 Autominuten zurück nach ❶ **Amman** geht.

❸ Iraq al-Amir (Höhle des Prinzen)
1 km
❹ Qasr al-Abd
22 km
❺ Fuheis
9 km
❻ Salt
23 km
❼ Mountain Breeze Country Club
38 km
❶ Amman

SPORT & WELLNESS

Tauchen und Schnorcheln an den Korallenriffen im Roten Meer bei Aqaba sind die sportlichen Hauptattraktionen.

Die Korallenriffe des Roten Meers gehören zu den schönsten der Welt. Doch auch Wanderer finden in den Naturschutzgebieten immer mehr Angebote: Übernachtungsmöglichkeiten mitten in der Natur, Wanderwege und ausgebildete Führer – eine solide Infrastruktur. Wellnessangebote wiederum konzentrieren sich aufs Tote Meer: Das salzhaltige Wasser und der Schlamm des Binnenmeeres wirken Wunder (s. Infos ab S. 60).

GOLF

Golfspieler finden in dem Wüstenland das Besondere – sofern sie einmal auf Sand und Fels spielen möchten. Dann müssen sie für den Abschlag aber eine kleine Matte aus Plastikrasen ausbreiten. Die brauchen sie auf dem einzigen Golfplatz des Landes, dem *Bisharat Golf Club* südlich von Amman. Wassergräben und Teiche gibt es nicht, dafür ein Clubhaus mit großer Terrasse. Neun Löcher können zu einem 18-Loch-Parcours verbunden werden. *Bisharat Golf Club | Airport Road | 15 km südlich Amman, Abfahrt Choueifat School, hinter der Schule rechts ab und bis zur Clubeinfahrt | Tel. 079 5 82 88 88 | Julia Bisharat: golfatbisharat@gmail.com*

RADFAHREN

Keine Radwege, rücksichtslose Autofahrer, extreme Steigungen: Wer in

Bild: Auf Kamelrücken ins Wadi Rum

Ob Korallenriffe oder Canyonlandschaften – unternehmungslustige Besucher finden in Jordanien jede Menge spannender Spots

Jordanien biken will, braucht Fitness und gute Nerven. Dennoch entdecken immer mehr Jordanier die Vorzüge eines Fahrrads für sich, und es gibt auch Angebote für Touristen. Im flachen Feuchtlandbiotop Azraq vermietet die *Azraq Lodge* Räder und bietet Touren an. Falls Sie während Ihres Aufenthalts sportlich radeln möchten: Der Fahrradladenbesitzer und Aktivist Sari Husseini aus Amman organisiert INSIDER TIPP jeden Freitag eine Tour. Kontakt: über die Facebookgruppe *Cycling Jordan* oder *Tel. 078 5552525*. Ein schönes Event ist auch die jährliche Frauen-Friedens-Radtour „Follow the Women" (Info unter *sara@globalone.com.jo*).

REITEN

Für Ausritte eignet sich am besten das sandige *Wadi Rum*. Die endlose Weite bietet sich zum Galoppieren an. Tagestouren auch mit Übernachtung bieten unter anderem: *Atallah Sweilhin (Tel. 0795802108 und 03 2033508 | Stall an der Zufahrtsstraße zum Wadi Rum)* sowie *Jordantracks (Saleem Ali | Tel. 079 5 29 80 46 | www.jordantracks.com).* Auch die Gegend um *Petra* und das *Wadi Mussa* wirken noch faszinierender, wenn man sie zu Pferd erkundet. Solche Unternehmungen werden u. a. von *La Beduina Eco-Tours (Tel. 079 5 50 24 86 oder 079 5 40 29 69 | www.labeduinatours.com)* angeboten.

TAUCHEN

★ In *Aqaba* bieten mehrere Tauchclubs Ausrüstung und Unterricht an. Während man im *Royal Diving Club* einige Korallenriffe gleich vor dem Strand findet, fahren andere Tauchschulen mit Booten zu den Spots, die sich an der südlichen Küste bis zur saudischen Grenze hinziehen. Besondere Attraktionen sind ein russischer Panzer und ein libanesisches Frachtschiff, die für Taucher versenkt wurden. Auch ein Tagesausflug zur *Pharaonen-Insel,* die bereits in ägyptischen Gewässern liegt und besonders schöne Tauchgründe hat, ist zu empfehlen. Alle Tauchschulen bieten Tauchkurse nach dem international gültigen PADI-System an. Theoretische und praktische Prüfungen können abgelegt werden. Die komplette Ausrüstung vom Tauchanzug über Flossen bis zu Sauerstoffflaschen können Sie mieten, auch für Kinder.

WANDERN & KLETTERN

Abwechslungsreiche Felslandschaften und günstiges Klima machen Jordanien attraktiv für Wanderer und Klettersportler. Die Naturschutzgebiete des Landes werden von der Königlichen Gesellschaft für Naturschutz (RSCN) betrieben, mit vielen gut markierten Wander- und Kletterrouten. Im *Ajloun Nature Reserve* etwa 80 km nördlich von Amman erwarten Sie sanfte mediterrane Hügellandschaften mit Eichen, Föhren und dem wilden Erdbeerbaum. In *Azraq* können Sie exotische Vögel beobachten. In *Dana*, *Petra* und *Wadi Rum* trekken Sie durch aufregende Canyons und über farbenprächtige Felsformationen. Die Schwierigkeitsskala reicht vom einfachen Spaziergang über mittelschwere Touren wie durch die üppige Tropenwelt des ● *Wadi Ibn Hammad* (s. S. 90) bis zur anspruchsvollen Streckenwanderung mit Kletterstellen *(Dana).* Canyoning mit Abseilen und Schwimmen *(Wadi Mujib)* bis hin zum

SICHER WANDERN & KLETTERN

Klären Sie, ob für die gewünschte Route eine Genehmigung der RSCN notwendig ist (z. B. Wadi Mujib)

Es gibt keine Bergrettung, viele Routen sind nicht überwacht. Wandern Sie nie allein, und sorgen Sie vor, damit notfalls nach Ihnen gesucht wird. Teilen Sie jemandem mit, wohin Sie gehen wollen und wann Sie zurückkommen

Nehmen Sie ein voll aufgeladenes Handy mit, auch wenn es in vielen Schluchten keine Netzabdeckung gibt

Was Sie auf jeden Fall mitnehmen sollten: zwei Liter Trinkwasser, Kopfbedeckung, Sprühpflaster

Tragen Sie knöchelhohe feste Stiefel und luftige Kleidung

Ein Traum ganz in Rot sind die Wände des Wadi Rum für erfahrene Kletterer

Freeclimbing (Klettern im *Wadi Rum* s. S. 83) ist ebenfalls möglich. Teilweise sind ausgebildete Führer obligatorisch. Unter der Web-Adresse *jordantrail.org* finden Sie aktuelle Informationen über Wanderwege und interessante Ziele in ganz Jordanien. An der Seite sind mehrere NGOs beteiligt, sowie private Unternehmen, die Wander- und Trekkingtouren kommerziell anbieten.

Für individuelle Wanderungen finden Sie Touren und Tipps in dem Buch „Walks, Treks, Caves, Climbs & Canyons" von Di Taylor und Tony Howard (übers Internet) sowie bei Wilfried Colonna *(www.desertguides.net)*. Das Buch „Treks & Climbs in Wadi Rum" von Tony Howard führt zahlreiche Klettertouren auf.

Sowohl Standardtouren als auch individuelle Pakete können sie u.a. bei der Firma *Experience Jordan (www.experiencejordan.com | Tel. 079 9520066)* buchen.

Auch Indoor-Klettern ist möglich: In Marj Hammam, einem südwestlich gelegenen Vorort von Amman, wurde die erste professionelle Kletterhalle des Landes eröffnet. Kletterunterricht ist hier auch kurzfristig möglich, allerdings sollte man vorsichtshalber telefonisch reservieren. Ausrüstung – auch für Kinder – kann mitgebracht oder vor Ort gemietet werden. *Tgl. 10–22 Uhr | Anfahrt: Amman 8th circle Richtung Flughafen, weiter Richtung Dead Sea, bei Marj Hammam augeschildert | Tel. 06 5 736177 | www.climbat.com*

WASSERSKI & SCOOTER

Die großen Hotels in *Aqaba*, die direkt am Wasser liegen (Mövenpick, Aquamarina I, Intercontinental), bieten verschiedene Wassersportarten an – dazu gehören Wasserski und Scooter. Windsurfen ist bisher nicht verbreitet, möglicherweise, weil Sportler zu leicht die Grenze zu Israel, die im Wasser des Golfs verläuft, überqueren könnten.

MIT KINDERN UNTERWEGS

Jordanien ist ein ideales Reiseland für Familien mit Kindern. Das trockene Klima (Ausnahme: Jordantal) vertragen selbst Säuglinge ohne Probleme. Zudem sind viele öffentliche Toiletten mit Wickeltischen ausgestattet. Jordanien bietet noch relativ wenige auf Kinder eingerichtete Attraktionen, doch die jungen Gäste werden rundherum verwöhnt. Zahlreiche Aktivitäten wie Zirkus, Theater und Musik hält das *Sommer-Kulturfestival (Juli/Aug. | www.calendar.jo, www.visitjordan.com)* in Amman bereit. In größeren Städten – Amman, Zarqa, Aqaba, Irbid – gibt es Parks und Spielplätze, die man aber nicht immer auf Anhieb findet (Tipp: jordanische Familien auf der Straße ansprechen). In den Sommerferien werden stellenweise Autoscooter, Karussells und Hüpfburgen aufgebaut. Achten Sie unbedingt auf lose Teile, scharfe Kanten und andere Gefahren.

Die Naturschutzgebiete sind auch für Kinder interessant, schon Vierjährige kann man auf Wanderungen mitnehmen. Passendes Schuhwerk ist wichtig, dazu eine helle Kopfbedeckung sowie helle, leichte, langärmlige Kleidung für zusätzlichen Sonnenschutz. Und eine Nacht im Beduinenzelt etwa im Wadi Rum ist ein unvergessliches Erlebnis.

AMMAN

AMMAN WAVES (120 C5) (*D5*)

Ein großes Spaßbad mit vielen Schattenplätzen. Die Restaurants sind relativ teuer, daher möglichst Picknick einpacken. *April–Sept. tgl. 10–19 Uhr | Eintritt 23 JD, Kinder (über 2 Jahre) 17 JD | vom 7th Circle Richtung Flughafen, nach ca. 12 km rechts ausgeschildert | www.ammanwaves.com*

GÉRARD ICE-CREAM

Die Topadresse für Süßes in Amman: tolles Eis, Kuchen und Kekse. *Filialen u. a.: Abdoun Circle* (U A6) (*a6*), *beim Automobilmuseum* (120 C5) (*D5*), *in der City Mall* (120 C5) (*D5*), *Rainbow Street 25* (XXX XX) (*xx*)

INSIDER TIPP KINDERMUSEUM
(120 C5) (*D5*)

Toben und Lernen! Hier stehen Workshops, Musikkonzerte und Theateraufführungen auf dem Programm. Teilweise ist Englisch erforderlich. *Sa–Do 9–18, Fr 10–19 Uhr | Ticket 3 JD, Erwachsene nur in Begleitung von Kindern | King-Hussein-Park, Abfahrt von der King Abdallah II. Street (neben dem Automobilmuseum) | www.cmj.jo*

Im Wasser planschen, Natur entdecken und zur Stärkung nach dem Spielen einen Keks – kleine Gäste sind überall willkommen

SPIELPLATZ IM HUSSEIN PARK (120 C5) (*Ⅲ D5*)
Der *Hussein Park (im Süden, Eingang gegenüber City Mall)* hat einen Sandplatz mit ordentlichen Spielgeräten (wenig Schatten, Restaurant in der Nähe).

SPORTS CITY (U B1) (*Ⅲ b1*)
Gepflegtes, großes Freibad mit drei Pools (zwei für Nichtschwimmer), Wassergarten, Rutsche und Planschbecken. Sie dürfen Speisen und Getränke mitbringen, in den Snackbars gibt es auch Pommes, Burger oder Salat zu kaufen. *Tgl. 6.30–17.45 Uhr | Außenbereich 25. Mai–30. Sept., Eintritt 15 JD, Innenbereich 1. Okt.–24. Mai, Eintritt 10 JD | am gleichnamigen Kreisverkehr, Eingang von der Shaheed Street aus, Richtung Tennisplatz*

DER SÜDEN

INSIDER TIPP **BEDUINENPOLIZEI**
Im Wadi Rum (124 C5) (*Ⅲ B13*) in der Nähe des *Resthouse* ist die Beduinenpolizei mit Kamelen stationiert: Für Kinder ein echtes Erlebnis.

MÖVENPICK AQABA (124 B5) (*Ⅲ A13*)
Neben dem Eingang des Hotels liegt die German Bakery mit Eis, Kuchen und Muffins, wie Kinder sie mögen. Blitzsauber, zum Mitnehmen oder für eine Ruhepause mit schattigen Sitzgelegenheiten und Wasserspielen. *Tgl. 8–23 Uhr | Corniche*

NEPTUNE (124 B5) (*Ⅲ A13*)
Unternehmen Sie von Aqaba aus eine INSIDER TIPP Tour mit der Neptune. Das Ausflugsboot ist unter der Wasseroberfläche durchsichtig. So können auch Nichtschwimmer und Tauchmuffel die Tiefen des Golfs erleben. *Tour (ca. 1 Std.) 20 Euro, mit Strandzugang 25 Euro | Tala Bay | Tel. 077 9 43 09 69 | www.aqababoat.com*

SPIELPLATZ (124 B5) (*Ⅲ A13*)
Zwischen dem Ayla-Kreisel und dem Mameluckischen Fort in Aqaba liegt ein schattiger, gut eingerichteter Spielplatz.

EVENTS, FESTE & MEHR

Arbeitnehmer in Jordanien haben kaum geregelte Urlaubszeiten – und so sichern die zahlreichen Feiertage ihnen Erholung. Insbesondere am *Eid al-Fitr* zum Abschluss des Fastenmonats *Ramadan* und zum mehrtägigen Opferfest *Eid al-Adha* fahren die Menschen an das Rote Meer oder an das Tote Meer. Da Hotels und Restaurants dann überfüllt sind, sollten Touristen ihren Besuch an diesen Orten außerhalb dieser Zeiten planen.

Auch der Ramadan ist für Reisende nicht unbedingt zu empfehlen. Viele Restaurants sind gleich den ganzen Monat geschlossen. Auch die Öffnungszeiten sind reduziert. In großen Hotels und Tourismuseinrichtungen läuft der Betrieb normal. Von September bis Mai gibt es in Amman zahlreiche Kulturwochen und Festivals. Höhepunkt ist das *Jordan Festival* mit hochkarätig besetzten Konzerten und Kunstausstellungen in Amman, Jerash und Petra sowie am Toten Meer.

RELIGIÖSE FESTTAGE

Die religiösen Feiertage verschieben sich gegenüber der globalen (westlichen) Zeitrechnung jährlich um ca. zehn bis elf Tage nach hinten, da sie nach dem Mondkalender berechnet sind. Auch können die Termine von den hier angegebenen Daten um ein bis zwei Tage abweichen, da ihr Beginn bei Neumond mit bloßem Auge bestimmt wird.

Ramadan: Islamischer Fastenmonat, in dem von Sonnenaufgang bis Sonnenuntergang nicht gegessen und getrunken werden soll. Beginn: 26. Mai 2017, 16. Mai 2018, 6. Mai 2019

Eid al-Fitr: Drei- bis viertägiges Fest am Ende des Ramadan. Beginn: 26. Juni 2017, 15. Juni 2018, 5. Juni 2019

Eid al-Adha: Viertägiges Opferfest, das an die Opferbereitschaft Abrahams erinnert. Jeder Muslim, der es sich leisten kann, soll ein Schaf schlachten und es mit Bedürftigen teilen. Beginn: 1. Sept. 2017, 22. Aug. 2018, 12. Aug. 2019

Moulid al-Nabi *(Prophetengeburtstag):* 1. Dez. 2017, 20. Nov. 2018, 10. Nov. 2019

1. Muharram *(Islamisches Neujahr):* 21. Sept. 2017, 11. Sept. 2018, 31. Aug. 2019

FESTE UND VERANSTALTUNGEN

GANZJÄHRIG

Musik-, Theater und Filmfestivals in Amman im Al Balad Theater. *www.al-balad.org und auf Facebook*

Zahlreiche religiöse Feiertage, eine Oldtimer-Ralley und viele hochkarätige Kulturfestivals – feiern Sie mit Gästen und Jordaniern

APRIL

Dead Sea Marathon: Ob Ultra-, Normal- oder Halbmarathon: Dieser Lauf ist auf jeden Fall ein Erlebnis. Seit 1993 organisieren die *Amman Road Runners* dieses Mega-Sportevent. Im Dezember gibt es noch einen weiteren Marathonlauf in Aqaba. *www.deadsea.runjordan.com*

MAI

Internationales Tanzfestival: An verschiedenen Orten Jordaniens. *zakhare finmotion.blogspot.com*

The Jewel that is Jordan: Alle zwei bis drei Jahre Rallye mit Oldtimern. Wechselnde Routen. *www.thejewelevents.com*

JULI

INSIDER TIPP ***Fuheis-Festival:*** Sympathisches Kulturfest des Dorfes Fuheis. Anfang Juli ist der christliche Ort bis tief in die Nacht belebt: Freilichtbühnen mit Theater und Musik, zahlreiche Kunstgalerien haben bis spätabends geöffnet. *Tel. 077 742 46 76 | auf Facebook*

JULI/AUGUST

Jerash Festival: Das ● wichtigste Kulturevent Jordaniens. Neben arabischen auch internationale Künstler. Ein Höhepunkt: der Auftritt der Königlich Jordanischen Marschkapelle. *www.calendar.jo*

★ ***Jordan Festival:*** Konzerte mit internationalen und arabischen Künstlern, Tanz, Lesungen, Performances einen Monat in diversen Städten und Regionen. *Friends Of Jordan Festivals | Tel. 06 4613300 | www.jordanfestival.org*

FEIERTAGE

1. Jan.	Neujahr
30. Jan.	Geburtstag König Abdallahs II.
1. Mai	Tag der Arbeit
25. Mai	Tag der Uabhängigkeit
14. Nov.	Geburtstag König Husseins
25. Dez.	Weihnachten

LINKS, BLOGS, APPS & CO.

LINKS & BLOGS

www.guide2jordan.com Online-Portal mit aktuellen und praktischen Informationen aller Art, inklusive News

liportal.giz.de/jordanien Länderinformationsportal der Gesellschaft für Internationale Zusammenarbeit (GIZ). Umfangreiche, laufend aktualisierte Informationen zu Land und Leuten, Geschichte, Politik, Wirtschaft, Kultur und Alltag, aber auch zu Sicherheitsfragen, Gesundheit und Reisen im Land

www.nomadstravel.co.uk Internetseite von Di Taylor und Tony Howard, Pioniere des Wander- und Klettersports in Jordanien und Autoren des Wanderführers *Jordan – Walks, Treks, Caves, Climbs and Canyons* (englisch)

www.ammansnob.com Online-Portal mit aktuellen Informationen und umfassendem Veranstaltungskalender zu Amman

www.marcopolo.de/jordanien Alles auf einen Blick zu Ihrem Reiseziel: Interaktive Karten inklusive Planungsfunktion, Impressionen aus der Community, aktuelle News und Angebote ...

beamman.com Online-Portal mit praktischen Infos zu Amman: Restaurants, Shopping, Wellness, Freizeit

www.jordanjubilee.com Der mit Abstand beste Reiseblog über Jordanien mit vielen Informationen zu Land und Leuten. Von Ruth Caswell, die seit über 20 Jahren hier lebt (auch als Buch, englisch)

www.black-iris.com Der Blog des Politikwissenschaftlers und IT-Experten Nassim Tarawneh ist der beste Einstieg in die unabhängige jordanische Bloggerszene (englisch)

www.360east.com Kommentare zu aktuellen gesellschaftlichen und politischen Entwicklungen und Tipps zu IT-Themen (englisch)

Egal, ob für Ihre Reisevorbereitung oder vor Ort: Diese Adressen bereichern Ihren Urlaub. Da manche sehr lang sind, führt Sie der short.travel-Code direkt auf die beschriebenen Websites. Falls bei der Eingabe der Codes eine Fehlermeldung erscheint, könnte das an Ihren Einstellungen zum anonymen Surfen liegen

short.travel/jor3 Forum mit vielen praktischen Tipps von anderen Reisenden und von Einheimischen (englisch)

www.7iber.com Unabhängige jordanisches Nachrichtenportal mit Berichten von „Bürgerjournalisten" (englisch)

www.internations.org/amman-expats Forum der ausländischen Community in Amman mit interessanten Tipps und Eventübersicht (englisch)

short.travel/jor10 Wohnen wie im eigenen Heim: Auch in allen Ecken Jordaniens lassen sich bei Airbnb (Privat-)Wohnungen als Übernachtungsstätten für die Rundreise finden – persönlicher Kontakt inklusive

VIDEOS

short.travel/jor2 Aus der Reihe „Schätze der Welt" – 15 poetische Minuten über Geologie und Geschichte von Petra und seine einstigen Bewohner

www.online-arabisch.de Arabischkurs für Anfänger: Alltägliche Redewendungen (Begrüßung, Zahlen, Fragewörter etc.). Damit können Sie vielleicht noch nicht hart verhandeln, haben aber einen guten Einstieg für ein nettes Gespräch

short.travel/jor4 Wie König Abdallah II. und Königin Rania ihr Land führen. Filmdokumentation mit viel Hintergrundinformationen zur jordanischen Gesellschaft und Politik

short.travel/jor5 Bilder und Videos von Hotspots für Aktivurlaub in Jordanien: Natur, Canyoning, Wüstenabenteuer, untermalt mit arabischer Musik

APPS

Visit Jordan Sehenswürdigkeiten, Restaurants, Shopping, Wetter, Reisen im Land. Ausgezeichnete App der58 jordansichen Tourismusbehörde. Für iOS und Android

Animals of Jordan Gut strukturierte App mit detaillierten Infos über Tierarten in Jordanien. Für iOS

Petra Guide Offline nutzbarer Audio-Guide mit Bildern und Kartenfunktion für den Besuch der weltberühmten Stätte. Auch auf Deutsch, für Apple-Geräte

PRAKTISCHE HINWEISE

ANREISE

Die Flugggesellschaften Royal Jordanian (*www.rj.com*), Lufthansa (*www.lufthansa.de*), Air Berlin (*www.airberlin.com*) und Austrian Airlines (*www.austrian.com*) fliegen mehrmals wöchentlich in rund viereinhalb Stunden direkt von Frankfurt, München und Wien nach Amman. Da die Flüge oft recht teuer sind, lohnt sich ein Vergleich mit weiteren Fluglinien, z.B. Aegean Airways, Pegasus Airways, Turkish Airways und Middle East Airways (via Beirut). Ankunft ist in Amman auf dem Queen-Alia-Flughafen, 32 km außerhalb der Stadt. Taxis gibt es am Flughafen. Die Fahrpreise sind festgelegt, man sollte sich den Preis aber noch einmal vom Fahrer bestätigen lassen. Fahrten nach Amman (45 Min.) oder Madaba (60 Min.) kosten ca. 20–25 JD. Viele Hotels in Amman und Madaba bieten einen INSIDER TIPP Abholservice, der günstiger ist als Flughafentaxis. Tagsüber fährt alle 30–60 Min. ein Flughafen-Expressbus zur Busstation Tabarbur im Norden von Amman (Fahrzeit 60 Min., Ticket 4 JD). Von Tabarbur kostet ein Taxi ins Stadtzentrum rund 2–3 JD. Falls Sie vor der Endstation aussteigen möchten, verstauen Sie Ihr Gepäck nicht unten im Kofferraum, sondern nehmen Sie es mit in den Bus. Der Expressbus ist am Flughafen nicht immer pünktlich und manchmal schwer zu finden.

Auf dem Landweg: von Israel aus an drei Grenzübergängen – Sheikh-Hussein-Brücke, König-Hussein-Brücke (keine Visavergabe) und Wadi Araba (zwischen Aqaba und Eilat) – oder von Syrien aus am Übergang Jaber. Von Ägypten kann man per Schiff vom Sinai übersetzen.

GRÜN & FAIR REISEN

Auf Reisen können auch Sie viel bewirken. Behalten Sie nicht nur die CO_2-Bilanz für Hin- und Rückreise im Hinterkopf *(www.atmosfair.de; de.myclimate.org)* – etwa indem Sie Ihre Route umweltgerecht planen *(www.routerank.com)* – , sondern achten Sie auch Natur und Kultur im Reiseland *(www.gate-tourismus.de; www.ecotrans.de)*. Gerade als Tourist ist es wichtig, auf Aspekte wie Naturschutz *(www.nabu.de; www.wwf.de)*, regionale Produkte, wenig Autofahren, Wassersparen und vieles mehr zu achten. Wenn Sie mehr über ökologischen Tourismus erfahren wollen: europaweit *www.oete.de*; weltweit *www.germanwatch.org*

AUSKUNFT

JORDAN TOURISM BOARD

– c/o Kleber PR Network GmbH | Hamburger Allee 45 | 60486 Frankfurt | Tel. 069 71913662 | germany@visitjordan.com

– Tunis Street | Amman | zwischen 4th und 5th Circle, neben dem Duty-Free-Shop | Tel. 06 5678294 | www.visitjordan.com

An nahezu jedem touristisch bedeutsamen Ort gibt es mittlerweile ein staatliches Besucherzentrum (Visitor Center). Die Zentren sind meist durchgehend geöffnet (außer im Ramadan) und bieten Eintrittskarten, Infos, Führungen und Services wie Toiletten und Erste Hilfe. Wo es kein Besucherzentrum gibt, hilft die

Von Anreise bis Zoll

Urlaub von Anfang bis Ende: die wichtigsten Adressen und Informationen für Ihre Jordanienreise

Touristenpolizei. Die Beamten sprechen in der Regel Englisch und sind hilfsbereit.

AUTO

Mit dem eigenen Wagen benötigt man einen internationalen Führerschein und ein Carnet de Passage. An der Grenze muss eine Haftpflichtversicherung abgeschlossen werden. Gurtpflicht, Handybenutzung ist während der Fahrt verboten. Bleifreies Benzin ist nicht an allen Tankstellen erhältlich. An Autobahnen gibt es zahlreiche Radarkontrollen (Höchstgeschwindigkeit 110 km/h). Die Bußgelder sind happig und werden sofort kassiert! Das Straßennetz ist gut ausgebaut, und Fahren mit Mietautos ist grundsätzlich kein Problem. Gelegentlich hapert es mit der Beschilderung. Umleitungen infolge Baustellen sind oft unzureichend markiert. Nachts kann es passieren, dass plötzlich ein unbeleuchteter Lastwagen auftaucht oder dass ein Gefährt ungesichert an der Straße steht – versuchen Sie, möglichst vor Einbruch der Dunkelheit anzukommen. Bei kurzen Aufenthalten kann es von Vorteil sein, ein Auto mit Fahrer zu mieten. Die Kosten betragen je nach Entfernung bis zu 185 Euro pro Tag, Übernachtungen extra. Autos mit Fahrer finden Sie u. a. bei den Autovermietungen. Sie können aber auch an der Rezeption Ihres Hotels fragen oder an einem Taxistand.

BADEN & STRÄNDE

Sonne satt, glasklares Wasser und traumhafte Korallenriffe – Jordanien ist wie geschaffen für einen Bade- und Tauchurlaub. Mangels langer Küsten und aufgrund der konservativen Mentalität der Bevölkerung sind ungestörte öffentliche Plätze zum Schwimmen und Sonnenbaden aber rar. Für ein paar Dinar extra findet man leicht Alternativen. Am Toten Meer kosten Privatstrände mit Pool, Dusche und Umkleide 15–20 JD/Tag. Hotelstrände sind wesentlich teurer, doch der Eintritt enthält meist einen Essens- oder Getränkevoucher (s. Kapitel Totes Meer). In Aqaba bieten Tauchclubs und kleinere Hotels schon ab 10 JD/Tag Zugang zu Pools/Privatstränden, teils inkl. Liege, Sonnenschirm und Handtuch. In großen Hotelanlagen im Zentrum und in Tala Bay kosten Pool- und Strandnutzung ab 40–50 JD/Tag inkl. Lunch/Getränk.

WAS KOSTET WIE VIEL?

Tee	1 Euro *für ein Glas in der Altstadt von Amman*
Falafel	1,50 Euro *für ein Falafel-Sandwich*
Bier	5,50 Euro *für ein Glas (0,3 l) im Hotel*
Wasserpfeife	ab 12 Euro *als Souvenir in der Altstadt*
Taxi	1–4 Euro *für eine Stadtfahrt*
Tageszeitung	0,45 Euro *für eine „Jordan Times"*

BANKEN & GELD

Die Banken sind Sonntag bis Donnerstag von 8.30–15 Uhr geöffnet. Geld tauschen Sie am günstigsten bei privaten Wechselstuben. Mit Kreditkarten (Visa, Masters und American Express) kann man in Banken und an Automaten Geld abheben und in vielen großen Geschäften und Hotels bezahlen. An Geldautomaten kann auch mit der EC-Karte Geld abgehoben werden.

DIPLOMATISCHE VERTRETUNGEN

BOTSCHAFT DER BUNDESREPUBLIK DEUTSCHLAND
Benghazi Street 25, Jabal Amman | Tel. 06 5 93 03 51 und 5 93 03 67 | www.amman.diplo.de

BOTSCHAFT DER REPUBLIK ÖSTERREICH
Mithaq al-Fayez Street 36, nahe 3th Circle | Jabal Amman | Tel. 06 4 60 11 01 | amman-ob@bmaa.gv.at

BOTSCHAFT DER SCHWEIZ
Ibrahim Ayoub Street 19, nahe 4th Circle | Jabal Amman | Tel. 06 5 93 14 16 und 5 93 03 75 | www.eda.admin.ch/amman

BOTSCHAFT DES HASCHEMITISCHEN KÖNIGREICHS JORDANIEN
Heerstr. 201 | 13595 Berlin | Tel. 030 3 69 96 00 | Visumabteilung Tel. 36 99 60 48 | www.jordanembassy.de

EIN- & AUSREISE

Der Reisepass muss am Tag der Einreise noch mindestens sechs Monate gültig sein. Ein Visum bekommen Europäer problemlos im Flughafen in Amman. Für Reisende aus Deutschland, Österreich und der Schweiz kostet es 20 JD, und es muss in jordanischer Währung bezahlt werden. Neben dem Visaschalter gibt es eine Bank zum Geldwechseln. Das Visum ist vier Wochen gültig und kann in jeder Polizeistation verlängert werden.
Ein Mehrfachvisum muss vor Reiseantritt bei der jordanischen Botschaft (s. Diplomatische Vertretungen) beantragt werden und kostet 60 Euro. Achtung bei Einreise über Aqaba: Das Visum ist kostenlos und gilt einen Monat lang für ganz Jordanien. Es kann aber nur in Aqaba verlängert werden. Aufgrund der wechselhaften politischen Situation in der Westbank sollten Individualtouristen für Abstecher nach Jerusalem den jordanisch-israelischen Grenzübergang Sheikh Hussein im Norden benutzen. Ist eine Rückreise von Israel nach Jordanien geplant, sollte man sich vorher ein Mehrfachvisum für Jordanien besorgen.

FOTOGRAFIEREN

Außer militärischen Anlagen und Palästen der Königsfamilie darf alles fotografiert werden. Menschen müssen Sie vorher um Erlaubnis fragen.

GESUNDHEIT

Besondere Impfungen sind nicht nötig. Die hygienischen Verhältnisse sind meist sehr gut, die medizinische Versorgung ist nahezu flächendeckend. Meiden Sie Leitungswasser (am besten Mineralwasser trinken) sowie bei einem empfindlichen Magen Salate und frisches Obst. Durchfall kann vorkommen, aber ernsthafte Erkrankungen sind selten. Man sollte immer Toilettenpapier dabeihaben.
Deutsche sollten eine Reisekrankenversicherung abschließen, da gesetzliche Krankenkassen die Kosten jordanischer Ärzte und Kliniken nicht übernehmen. Amman verfügt über hervorragende Ärzte und Krankenhäuser. Für Notfälle zu empfehlen ist das *Arab Center for*

Heart and Special Surgery (hinter dem Sheraton-Hotel | Tel. 06 5921199). Behandlungen sind bar zu bezahlen. Infos im Internet: *www.fit-for-travel.de*

KLEIDUNG

Von April bis Oktober genügen leichte Baumwollkleidung und ein Pullover für die kühlen Nächte. Ein Sonnenhut ist unverzichtbar. Im Winter wird in Amman und im Norden warme Kleidung benötigt. Am Toten Meer und in Aqaba ist es zu dieser Zeit jedoch frühlingshaft warm. Für Wanderungen und die Besichtigung von Petra sollte man unbedingt feste, knöchelhohe Schuhe einpacken.

MEDIEN & WLAN

In den meisten Hotels kann man Satellitenprogramme empfangen. Der zweite jordanische Fernsehsender sendet auf Englisch und Französisch. Auch Radio Jordan sendet auf FM 96,3 MHz in englischer Sprache, BBC World auf MW 103,1 MHz. Die meisten Hotels bieten WiFi (WLAN) ebenso wie viele Cafés (WiFi-Symbole!). Die Menschen in Jordanien sind extrem Facebook-affin, viele Informationen findet man ausschließlich oder in größerem Umfang dort.
Die englischsprachige Tageszeitung „Jordan Times" erscheint Sonntag bis Freitag. Die jordanische Nachrichtenagentur „Petra" können Sie als RSS feed auf Englisch abonnieren.

MIETWAGEN

Es gibt zahlreiche internationale Autovermietungen, oft mit Niederlassungen in den großen Hotels. Die Preise liegen bei etwa 50 Euro/Tag. Daneben gibt es lokale Anbieter, die in der Regel ebenfalls zuverlässig sind. Angebote finden Sie auch auf *www.billiger-mietwagen.de*. Vorabbuchungen von zu Hause aus sind meist besser abgesichert, vor Ort wird es günstiger. *Avis Tel. 06 5699430 | Dalleh Tel. 06 5624530 | Hertz Tel. 06 4711771 | Sixt Tel. 079 9063414*

NOTRUF

Zentrale Notrufnummer *911* für Polizei, Feuerwehr, Notarzt oder Pannenhilfe

ÖFFENTLICHE VERKEHRSMITTEL

Minibusse in andere Städte fahren von der muss zur zentralen Busstation Tabarbur (Taxi ab Stadtmitte ca. 3,50 JD / Minibusse 1–5 JD je nach Entfernung). Die Busgesellschaften JETT *(www.jett.com.jo)* und Trust bieten täglich mehrere Verbindungen in alle großen Städte des Landes an, teilweise in mehreren Kategorien (z. B. JETT Amman–Aqaba: normal 8 JD, VIP 18 JD). Zwischen Petra und Aqaba verkehren nur Taxis. Achtung: Freitags und samstags fahren auf vielen Strecken weniger Busse. Rechtzeitig reservieren bzw. Abfahrtszeiten erfragen!
Die einzige Inlandsflugstrecke ist Amman–Aqaba. Täglich zwei Flüge vom Flughafen Marka im Osten der Stadt (einfache Strecke 50 Min.).
Die einzige Bahnstrecke des Landes ist die *Hedjazbahn (Auskunft Tel. 06 4895413)*, die von den Osmanen zu Beginn des 20. Jhs. gebaut wurde. Zweimal wöchentlich verkehrt ein Zug zwischen Amman und Damaskus (ca. 200 km, rund 8 Std.).

ÖFFNUNGSZEITEN

Ämter und Banken in Jordanien sind Freitag und Samstag geschlossen, viele

Privatunternehmen nur Freitrag, einige christliche Geschäfte auch Sonntag. Manche Geschäfte haben freitagnachmittags geöffnet, Supermärkte (Safeway, Cosmo) rund um die Uhr.

POST

Nach Deutschland benötigt eine Postkarte 4–6 Tage, ein Paket ca. 8–10 Tage. *www.jordanpost.com.jo*

PREISE & WÄHRUNG

Der jordanische Dinar (umgangssprachlich *jaydee,* nach der englischen Version des Kürzels JD) ist in 100 Piaster oder 1000 Fils unterteilt. Preise werden oft in Fils angegeben. Bekommen Sie also keinen Schreck, wenn eine Packung Zigaretten 800 Fils kostet, das sind 0,80 JD. Der Dinar ist an den US-Dollar gebunden.

REISEZEIT

Die besten Reisezeiten sind März bis Mitte Juni und September bis November. Im Winter liegt in Amman und im Norden teilweise Schnee, und es ist kalt und teils regnerisch. In den Sommermonaten ist es im Süden und am Toten Meer ausgesprochen heiß.

SICHERHEIT

Bei Redaktionsschluss riet das Auswärtige Amt Jordanienreisenden zu besonderer Vorsicht. Bitte beachten Sie die aktuellen Hinweise auch für die Grenzgebiete zu Syrien und Irak unter *www.auswaertiges-amt.de.*

STROM

Netzspannung 220 Volt, Stecker mit zwei Rundstiften sind erforderlich.

WETTER IN AMMAN

	Jan.	Feb.	März	April	Mai	Juni	Juli	Aug.	Sept.	Okt.	Nov.	Dez.
Tagestemperaturen in °C	13	14	17	23	28	31	32	33	31	28	21	15
Nachttemperaturen in °C	4	5	7	10	15	17	19	19	18	14	10	6
☀	6	8	10	10	11	14	14	13	12	10	8	6
☂	8	8	4	3	1	0	0	0	0	1	4	5

 ☀ Sonnenschein Stunden/Tag ☂ Niederschlag Tage/Monat

TAXI

Taxis sind in Jordaniens großen Städten das meistgenutzte Verkehrsmittel. Weiße Sammeltaxis *(serviis)* fahren auf festgelegten Routen (7–19 Uhr). Gelbe Taxis haben keine festen Standorte, man winkt sie einfach an der Straße heran. Bestehen Sie darauf, dass der Fahrer den Taxameter anschaltet. In Amman gibt es auch Funktaxis, die man telefonisch zu einer bestimmten Adresse bestellen kann, z. B. *Al Moumayyaz (Tel. 06 5 79 99 99 | www.taxi-jo.com)*.

TELEFON & HANDY

Wer im Urlaub telefoniert und dabei sein Handy von zu Hause nutzt, sollte sich eine SIM-Karte der jordanischen Firma Zain für Touristen kaufen („Zain Visitors"). Sie kostet 6 JD, ist drei Monate gültig, aufladbar, aber nicht verlängerbar. Wichtig: Ihr Mobiltelefon darf nicht gelockt sein. Zain bietet auch prepaid-Pakete für iphone-Geräte, Android-Handys sowie für mobiles Internet *(www.jo.zain.com/english)*.
Ländervorwahl Jordanien: 00962. Bei einem Anruf aus dem Ausland bzw. mit einem ausländischen Handy lässt man die Null vor der Ortsvorwahl bzw. vor der Nummer des Mobilfunknetzes weg (z. B. 0-79). Bei einem Anruf aus dem jordanischen Festnetz ins jordanische Mobilfunknetz wählen Sie die jeweilige Netzvorwahl mit der Null (z. B. 079 oder 077). Bei Anrufen von Jordanien ins Ausland wählen Sie 0049 (Deutschland), 0043 (Österreich) und 0041 (Schweiz). Nationale Auskunft von Jordan Telecom (Orange) *Tel. 121*, (englisch/arabisch) Die Nummer der Auskunft kann sich jederzeit ändern. Bitte schauen Sie bei Bedarf in der „Jordan Times" unter „Directory Assistance/Enquiries".

WÄHRUNGSRECHNER

€	JD	JD	€
1	0,80	1	1,23
3	2,41	3	3,70
5	4,02	5	6,17
12	9,65	12	14,81
25	20,11	25	30,85
40	32,17	40	49,36
95	76,42	95	117,24
150	120,66	150	185,13

TRINKGELD

Restaurants schlagen 10 Prozent auf die Rechnung auf, dennoch ist ein kleines Trinkgeld für Kellner oder Zimmermädchen angemessen. Für Gepäckträger ist ein halber Dinar üblich. Bei Taxifahrten wird um etwa 300 Fils aufgerundet.

ZEIT

Jordanien ist der Mitteleuropäischen Zeit (MEZ) winters und sommers jeweils um eine Stunde voraus.

ZOLL

Bei der Einreise sind 200 Zigaretten oder 200 g Tabak sowie zwei Flaschen Wein oder eine Flasche Spirituosen zollfrei. Es gibt keine Devisenbeschränkungen. Die Ausfuhr von archäologischen Antiquitäten ist verboten. Zollfreie Mengen in die EU sind u. a. 200 Zigaretten oder 250 g Tabak, 1 l Alkohol über und 2 l Alkohol bis 22 Prozent sowie Geschenke für 430 Euro (bei Einreise auf dem Landweg 300 Euro). www.zoll.de Für Kinder und Jugendliche bis einschließlich 17 Jahre gelten reduzierte Einfuhrmengen. Bargeld über 10 000 Euro muss bei der Einreise in die EU offiziell angemeldet werden.

SPRACHFÜHRER ENGLISCH

AUSSPRACHE

Zur Erleichterung der Aussprache sind alle englischen Wörter mit einer einfachen Aussprache (in eckigen Klammern) versehen. Folgende Zeichen sind Sonderzeichen:

θ hartes [s] (gesprochen mit Zungenspitze an der oberen Zahnreihe, zischend)
D weiches [s] (gesprochen mit Zungenspitze an der oberen Zahnreihe, summend)
' nachfolgende Silbe wird betont
ə angedeutetes [e] (wie in „Bitte")

AUF EINEN BLICK

ja/nein/vielleicht	yes [jäs]/no [nəu]/maybe [mäibi]
bitte/danke	please [plihs]/thank you [θänkju]
Entschuldigung!	Sorry! [sori]
Entschuldigen Sie!	Excuse me! [Iks'kjuhs mi]
Wie bitte?	Pardon? ['pahdn?]
Ich möchte .../Haben Sie ...?	I would like to ... [ai wudd 'laik tə]/ Have you got ...? ['Həw ju got?]
Wie viel kostet ...?	How much is ...? ['hau matsch is?]
gut/schlecht	good [gud]/bad [bäd]
kaputt/funktioniert nicht	broken ['brəukən]/doesn't work ['dasənd wörk]
Rechnung/Quittung	invoice [,inwois]/receipt [ri'ssiht]
alles/nichts	everything ['evriθing]/nothing [naθing]
Hilfe!/Achtung!/Vorsicht!	Help! [hälp]/Attention! [ə'tänschən] Caution! ['koschən]
Krankenwagen	ambulance ['ämbjulənts]
Polizei/Feuerwehr	police [po'lihs]/fire brigade [faiə brigäid]
Verbot/verboten	ban [bän]/forbidden [fohr'biddän]
Gefahr/gefährlich	danger [deinschər]/dangerous ['deinschərəss]
Darf ich Sie/hier fotografieren?	May I take a picture of you? [mäi ai täik ə 'piktscha of ju?]/May I take pictures here? [mäi ai täik 'piktschas hihr?]
Gute(n) Morgen!/Tag!/ Abend!/Nacht!	Good morning! [gud 'mohning]/afternoon! [aftə'nuhn]/evening! [,ihwning]/night! [nait]
Hallo!/Auf Wiedersehen!	Hello! [hə'ləu]/Goodbye! [gud'bai]
Tschüss!	Bye! [bai!]

Do you speak English?

„Sprichst du Englisch?" Dieser Sprachführer hilft Ihnen, die wichtigsten Wörter und Sätze auf Englisch zu sagen

Ich heiße ...	My name is ... [mai näim is]
Wie heißen Sie?	What's your name? [wots jur näim?]
Wie heißt du?	What's your name? [wots jur näim?]
Ich komme aus ...	I'm from ... [aim from ...]
heute/morgen/gestern	today [tə'däi]/tomorrow [tə'morəu]/yesterday ['jästədäi]
Stunde/Minute	hour ['auər]/minutes ['minəts]
Tag/Nacht/Woche	day [däi]/night [nait]/week [wihk]
Monat/Jahr	month [manθ]/year [jiər]
Ich habe ein Zimmer reserviert.	I have booked a room. [ai häw buckt ə ruhm]
nach vorne/zum Meer	forward [fohwəd]/to the sea [tu Də sih]
Schlüssel/Zimmerkarte	key [ki]/room card ['ruhm kahd]
Gepäck/Koffer/Tasche	luggage ['laggətsch]/ suitcase ['sjutkäis]/bag [bäg]
Wie viel Uhr ist es?	What time is it? [wət 'taim is it?]
Es ist drei Uhr.	It's three o'clock. [its θrih əklok]

ARABISCH

Ja./Nein.	na'am/la oder: kalla	نعم/لا، كلا
Bitte./Danke.	min fadlak/schukran	من فضلك/شكرا
Entschuldigung!	'afwan	عفوا
Guten Tag!/Guten Abend!	sabba l-chair/masa l-chair	صباح الخير/مساء الخير
Auf Wiedersehen!	ma'a s-salama	مع السلامه
Ich heiße ...	ismi ...	اسمي
Ich komme aus ...	ana min ...	انا من
... Deutschland.	... almania	المانيا
... Österreich./Schweiz.	... al nimsa/swizera	النمسا/سويسرا
Ich verstehe Sie nicht.	ana la afhamuka [ki]	انا لا افهمك
Wie viel kostet es?	kam jukallif dhalika	كم يكلّف ذلك
Bitte, wo ist...?	'afwan aina ...	عفوا اين

1	wahid	١ (واحد)	5	chamsa	٥ (خمسة)	9	tis'a	٩ (تسعة)
2	itnan	٢ (اثنان)	6	sitta	٦ (ستّة)	10	'aschra	١٠ (عشرة)
3	talata	٣ (ثلاثة)	7	sab'a	٧ (سبعة)	20	'ischrun	٢٠ (عشرون)
4	arba'a	٤ (اربعة)	8	tamanija	٨ (ثمانية)	100	mia	١٠٠ (مئة)

UNTERWEGS

offen/geschlossen	open ['oupän]/closed ['klousd]
Abfahrt/Abflug/Ankunft	departure [dih'pahtschə]/departure [dih'pahtschə]/ arrival [ə'raiwəl]
Toiletten/Damen/Herren	toilets ['toilət] (auch: restrooms [restruhms])/ladies ['läidihs]/gentlemen ['dschäntlmən]
(kein) Trinkwasser	(no) drinking water [(nou) 'drinkin 'wotər]
Wo ist ...?/Wo sind ...?	Where is ...? ['weə is?]/Where are ...? ['weə ahr?]
links/rechts	left [läft]/right [rait]
geradeaus/zurück	straight ahead [streit ə'hät]/back [bäk]
nah/weit	near [niə]/far [fahr]
Bus/Straßenbahn	bus [bas]/tram [träm]
U-Bahn/Taxi	underground ['andəgraunt]/taxi ['tägsi]
Haltestelle/Taxistand	stop [stap]/taxi stand ['tägsi ständ]
Fahrplan/Fahrschein	schedule ['skädjuhl]/ticket ['tikət]
ein Auto/Tankstelle	a car [ə kahr]/petrol station [pätrol stäischən]

ESSEN & TRINKEN

Reservieren Sie uns bitte für heute Abend einen Tisch für vier Personen.	Could you please book a table for tonight for four? [kudd juh 'plihs buck ə 'täibəl for tunait for fohr?]
auf der Terrasse	outside [aut'said]/on the terrace [on Də 'täräs]
am Fenster	at the window [ät Də 'windəu]
Die Speisekarte, bitte.	The menue, please. [Də 'mänjuh plihs]
mit/ohne Eis/Kohlesäure	with [wiD]/without ice [wiD'aut ais]/gas [gäs]
Vegetarier(in)/Allergie	vegetarian [wätschə'türiən]/allergy ['ällədschi]
Ich möchte zahlen, bitte.	May I have the bill, please? [mäi ai häw De bill plihs?]

BANKEN & GELD

Bank/Geldautomat	bank [bänk]/ATM [äi ti äm] (auch: cash machine ['käschməschin])
Ich möchte ... Euro wechseln.	I'd like to change ... Euro. [aid laik tu tschäindsch ... iuhro]
bar/ec-Karte/Kreditkarte	cash [käsch]/ATM card [äi ti äm kahrd]/credit card [krädit kahrd]
Wechselgeld	change [tschäindsch]

GESUNDHEIT

Arzt/Zahnarzt/Kinderarzt	doctor ['doktər]/dentist ['däntist]/pediatrician [pidiə'trischən]
Krankenhaus	hospital ['hospitəl]
Fieber/Schmerzen	fever ['fihwər]/pain [päin]
Durchfall/Übelkeit	diarrhoea [daiə'riə]/nausea ['nohsiə]

Sonnenbrand	sunburn ['sanböhrn]
entzündet/verletzt	inflamed [in'fläimd]/injured ['indschəd]
Apotheke/Drogerie	pharmacy ['farməssi]/chemist ['kemist]
Schmerzmittel/Tablette	pain reliever [päin re'lihwər]/tablet ['täblət]

TELEKOMMUNIKATION & MEDIEN

Briefmarke/Brief	stamp [stämp]/letter ['lättər]
Postkarte	postcard ['pəustkahd]
Telefonkarte	phone card ['founkahd]
fürs Festnetz	for the fixed line network [fohr Də fikst lain 'nättwörk]
Ich suche eine Prepaid-karte für mein Handy.	I'm looking for a prepaid card for my mobile. [aim 'lucking fohr ə 'pripäid kahd for mai 'mobail]
Internetzugang	internet access ['internet 'äkzäss]
wählen/Verbindung/besetzt	dial ['daiəl]/connection [kə'nnäktschən]/busy [bisi]
Batterie/Akku	battery ['bättəri]/rechargeable battery [ri'tschahdschəbəl 'bättəri]
Internetanschluss/WLAN	internet connection ['internet kə'näktschən]/Wifi [waifai] (auch: Wireless LAN ['waərläss lan])
E-Mail/Datei/ausdrucken	email ['imäil]/file [fail]/ print [print]

FREIZEIT, SPORT & STRAND

Strand/Strandbad	beach [bihtsch]/lido ['lidəu]
Sonnenschirm/Liegestuhl	umbrella [am'bräla]/deckchair ['däcktschäər]
Ebbe/Flut/Strömung	low tide [lou taid]/flood [flad]/flow [flou]

ZAHLEN

0	zero ['sirou]	15	fifteen [fif'tihn]
1	one [wan]	16	sixteen [siks'tihn]
2	two [tuh]	17	seventeen ['säwəntihn]
3	three [θri]	18	eighteen [äi'tihn]
4	four [fohr]	19	nineteen [nain'tihn]
5	five [faiw]	70	seventy ['säwənti]
6	six [siks]	80	eighty ['äiti]
7	seven ['säwən]	90	ninety ['nainti]
8	eight [äit]	100	(one) hundred [('wan) 'handrəd]
9	nine [nain]	200	two hundred ['tuh 'handrəd]
10	ten [tän]	1000	(one) thousand [('wan) θausənd]
11	eleven [i'läwn]	2000	two thousand ['tuh θausənd]
12	twelve [twälw]	10 000	ten thousand ['tän θausənd]
13	thirteen [θör'tihn]	1/2	a/one half [ə/wan 'hahf]
14	fourteen [fohr'tihn]	1/4	a/one quarter [ə/wan 'kwohtə]

REISEATLAS

Verlauf der Erlebnistour „Perfekt im Überblick“
Verlauf der Erlebnistouren

Der Gesamtverlauf aller Touren ist auch in der herausnehmbaren Faltkarte eingetragen

 Bild: Heißluftballon im Wadi Rum

Unterwegs in Jordanien

Die Seiteneinteilung für den Reiseatlas finden Sie auf dem hinteren Umschlag dieses Reiseführers

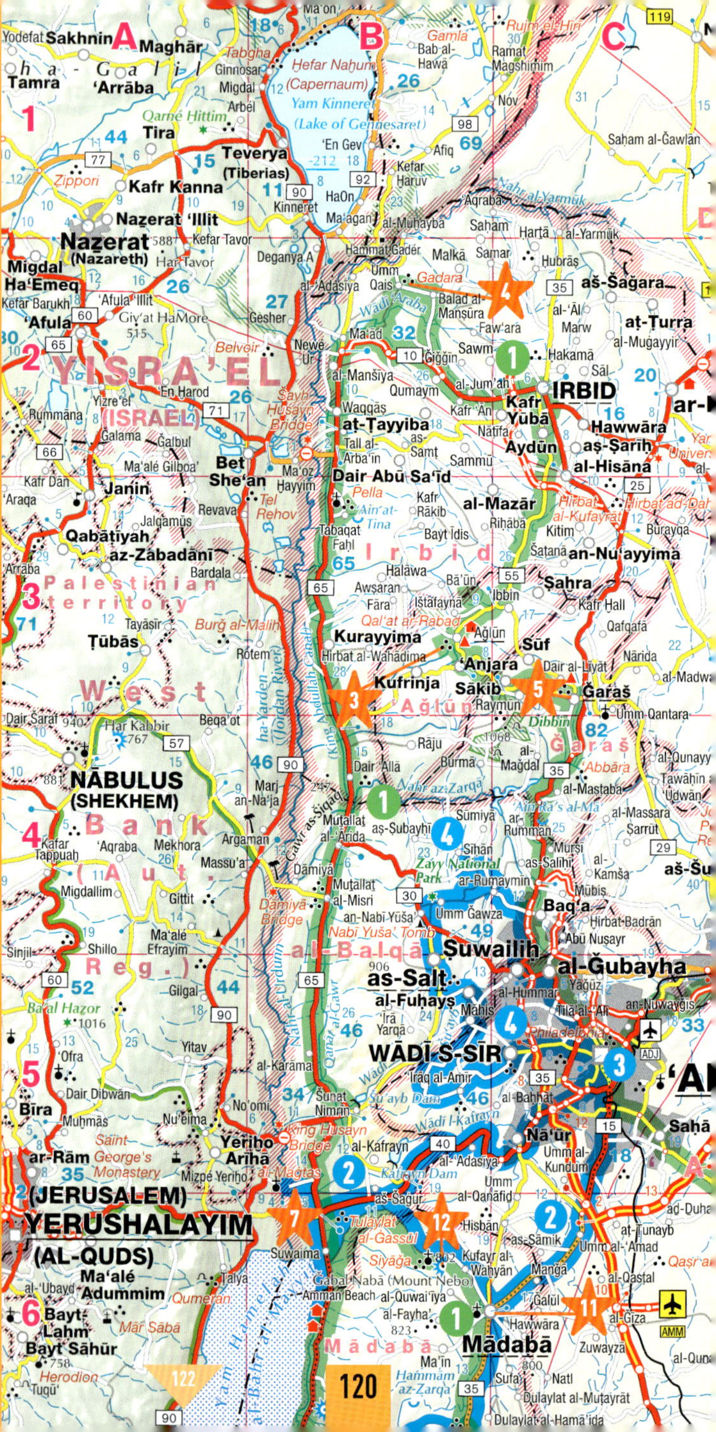

A
B
C
D
1
2
3
4
5
6
Yodefat
Sakhnin
Maghār
Tamra
'Arrāba
ha-Galil
Tabgha
Ginnosar
Migdal
Arbel
Ḥefar Naḥum
(Capernaum)
Yam Kinneret
(Lake of Gennesaret)
Gamla
Bab al-Hawā
Rujm el-Hiri
Ramat Magshimim
Nov
Qarne Ḥittim
Tira
Teverya
(Tiberias)
'En Gev
Afiq
Saḥam al-Ǧawlān
Zippori
Kafr Kanna
Kefar Ḥaruv
HaOn
Kinneret
Ma'agan
Nahr al-Yarmūk
'Aqraba
Nazerat 'Illit
Nazerat
(Nazareth)
Kefar Tavor
Har Tavor
Migdal Ha'Emeq
Deganya A
Ḥammat Gader
al-Muḥayba
Malkā
Saḥam
Samar
Ḥarta
al-Yarmūk
Hubrāṣ
Umm Qais
Gadara
al-'Adasiya
Balad al-Manṣūra
aš-Šaǧara
Wādī 'Araba
Faw'ara
al-'Āl
Marw
aṭ-Ṭurra
al-Mugayyir
Kefar Barukh
'Afula 'Illit
Giv'at HaMore
Geshar
'Afula
Belvoir
Newe Ūr
Ma'ad
Ǧiǧǧin
Sawm
Ḥakamā
Sāl
YISRA'EL
(ISRAEL)
'En Ḥarod
Šayh Ḥusayn Bridge
al-Manšiya
Qumaym
al-Jum'ah
Kafr Yūbā
IRBID
Rummāna
Yizre'el
Ǧalama
Ǧalbūl
Waqqāṣ
aṭ-Ṭayyiba
Kafr 'An
Nāṭifa
Ḥawwāra
aṣ-Ṣariḥ
Yarmouk Univers.
Ma'alé Gilboa'
Bet She'an
Ma'oz Ḥayyim
Tall al-Arba'in
as-Samt
Sammū
Aydūn
al-Ḥiṣāna
Kafr Dan
'Araqa
Janīn
Dair Abū Sa'īd
Pella
Kafr Rākib
al-Mazār
Ḫirbat al-Kufayrāt
Ḫirbat ad-Dah
Jalqamūs
Revava
Tel Reḥov
'Ain at-Tīna
Riḥāba
Kitim
Burayqa
Qabāṭiyah
Ṭabaqat Faḥl
Bayt Idis
az-Zabadānī
Bardala
Irbid
Šaṭana
an-Nu'ayyima
'Arrāba
Palestinian territory
Ḥalāwa
Bā'ūn
Awṣaran
Ibbīn
Ṣaḥra
Fāra
Iṣtafayna
Kafr Ḥall
Qal'at ar-Rabaḍ
Qafqafā
Tayāsīr
Burǧ al-Māliḥ
Ṭūbās
Kurayyima
'Aǧlūn
Ṣūf
Nārida
Ḫirbat al-Waḥadima
Rotem
'Anjara
Dair al-Liyāt
al-Madwa
West
Kufrinja
Sākib
Ǧaraš
Aǧlūn
Raymūn
Dibbīn
Umm Qanṭara
Dair Šaraf
Har Kabbir
Beqa'ot
Rāǧū
ha-Yarden (Jordan River)
King Abdullah Canal
Ǧaraš
Burmā
al-Maǧdal
al-Qunayy
NĀBULUS
(SHEKHEM)
Marj an-Na'ja
Dair 'Allā
'Abbāra
al-Maṣṭaba
Ṭawāḥin a-'Udwān
Nahr az-Zarqā
'Ain Ra's al-Mā'
al-Massara
Ṣarrūt
Kafar Tappuaḥ
Bank
'Aqraba
Mekhora
Argaman
Ǧawr aš-Šiqāq
Muṯallaṯ al-'Arīḍa
aṣ-Ṣubayḥī
Sūmiya
ar-Rummān
Sīḥān
Mursī
as-Ṣāliḥī
aš-Šu
Massu'a
(Aut.
Dāmiya
Zayy National Park
ar-Rumaymīn
al-Kamša
Migdallim
Giṭṭit
Muṯallaṯ al-Miṣrī
Mūbis
Dāmiya Bridge
an-Nabī Yūša'
Umm Ǧawza
Baq'a
Ḫirbat-Badrān
Nabī Yūša' Tomb
Abū Nuṣayr
Ma'alé Efrayim
Shillo
Sinjil
Reg.)
al-Balqā'
Ṣuwailiḥ
al-Ǧubayha
as-Salt
Yāǧūz
al-Ḥummar
an-Nuwayǧis
Gilgal
al-Fuḥayṣ
Māḥis
Tilā' al-'Alī
Ba'al Ḥazor
Nahr al-Urdunn
Qanāt al-Ǧawr
'Irā
Yarqā
Philadelphia
'Ofra
Yitav
WĀDĪ S-SĪR
al-Karāma
Wādī Šu'ayb
'Irāq al-Amīr
Šu'ayb Dam
ADJ
'Am
Dair Dibwān
al-Bahhāt
Bīra
Muḫmās
Nu'eima
No'omi
Šunat Nimrīn
Wādī l-Kafrayn
Nā'ūr
Saḥā
Saint George's Monastery
King Ḥusayn Bridge
al-Kafrayn
Umm al-Kundum
ar-Rām
Yeriḥo
Arīḥā
al-'Adasiya
Mizpe Yeriḥo
al-Maǧṭas
Kafrayn Dam
Umm al-Qanāfid
(JERUSALEM)
aṣ-Ṣaǧūr
ad-Duha
YERUSHALAYIM
Tulaylāt al-Ǧassūl
Ḥisbān
as-Sāmik
aṭ-Ṭunayb
(AL-QUDS)
Suwaima
Siyāǧa
Kufayr al-Wahyān
Umm al-'Amad
Qaṣr al-
Ma'alé Adummim
al-'Ubayd
Qumeran
Talya
Ǧabal Nabā (Mount Nebo)
Manǧā
al-Qasṭal
Ammān Beach
al-Quwai'iya
Ǧalūl
Bayt Laḥm
Mār Sābā
al-Fayḥā
Ḥawwāra
al-Ǧīza
AMM
Bayt Sāḥūr
Mādabā
Zuwayzā
Herodion
Yam Hamelaḥ
al-Baḥr al-Mayyit
Ma'īn
Ḥammām az-Zarqā
Ṣufa
Natl
al-Qun
Tuqū'
Dulaylat al-Muṭayrāt
Dulaylat al-Ḥamā'ida

122

D
E
F
1
2
3
4
5
6
10 km
6.2 mi
AS-SŪRĪYA
(SYRIA)
as-Suwaidā'
al-Mafraq
az-Zarqā'
'Ammān
Haurān
Ǧabal al-'Arab
Ǧabal ad-Durūz
Izra'
Buṣrā al-Ḥarīrī
Šaiḫ Miskīn
Ibta'
al-Ḥarāk
as-Siǧn
Ġārīyat aš-Šarqiya
Umm az-Zaytūn
Šaqqā
Šahbā'
Murduk
Salīm
Qanawāt
'Atīl
Tall al-Ġayna
al-Mušannaf
Wādī š-Šām
al-Kafr
1803
Sālā
Ša'f
al-Ḥarīsa
Nu'ayma
al-Musayfira
Kahīl
Sahwat al-Qamḥ
Ǧīza
Ġaṣm
Buṣrā aš-Šām
al-Qurayya
Malaḥ
Ṣalḫad
al-Muta'iya
Maġāyir as-Sarḥān
Samā' as-Sarḥān
al-Ḥamrā'
Tisiya
Dibbīn
Imtān
Umm as-Sirb
al-Kawm al-Aḥmar
al-Ġārīya
al-Bā'iǧ
Umm al-Ǧimāl
Ṣabḥā
Umm al-Quṭṭayn
Ḫirbat D
Ǧibāl Abū l-'Izām
Dair al-Kāhar
Mafraq
az-Za'tarī
'Amra wa 'Umayra
Dafyanā
al-Miffridāt
as-Ṣāliḥiya
Ǧabal al-Aṣfar
al-Bišrīya
al-Ḫirbat as-Samrā'
al-Ḫālidīya
ad-Ḍulayla
al-Hāšimīya
Harrat Mišanṣal
Ǧibāl al-Manāsif aš-Šarqīya
Qaṣr al-Ḥuwaynīt
Qaṣr al-Hallābāt
AZ-ZARQĀ'
AR-RUSAIFA
Qaṣr Hammām aṣ-Ṣarḥ
'AMMĀN
Manāhir
Qaṣr Usayḫim
al-Azraq aš-Šamā'il
(500)
Azraq Wetland
al-Azraq al-Ǧanubi
Wahat al-Azraq Reserve
Qaṣr al-'Uwaynid
Qaṣr al-Mušāš
al-Muwaqqar
Quṣair 'Amra
Wādī l-Mudaysīsāt
Šawmari Wildlife Reserve
Qaṣr al-Karāna
Ǧabal al-Mudaysīsāt
Wādī aš-Šaba
'Amiriya
M5
5
10
15
30
40
109
110

123

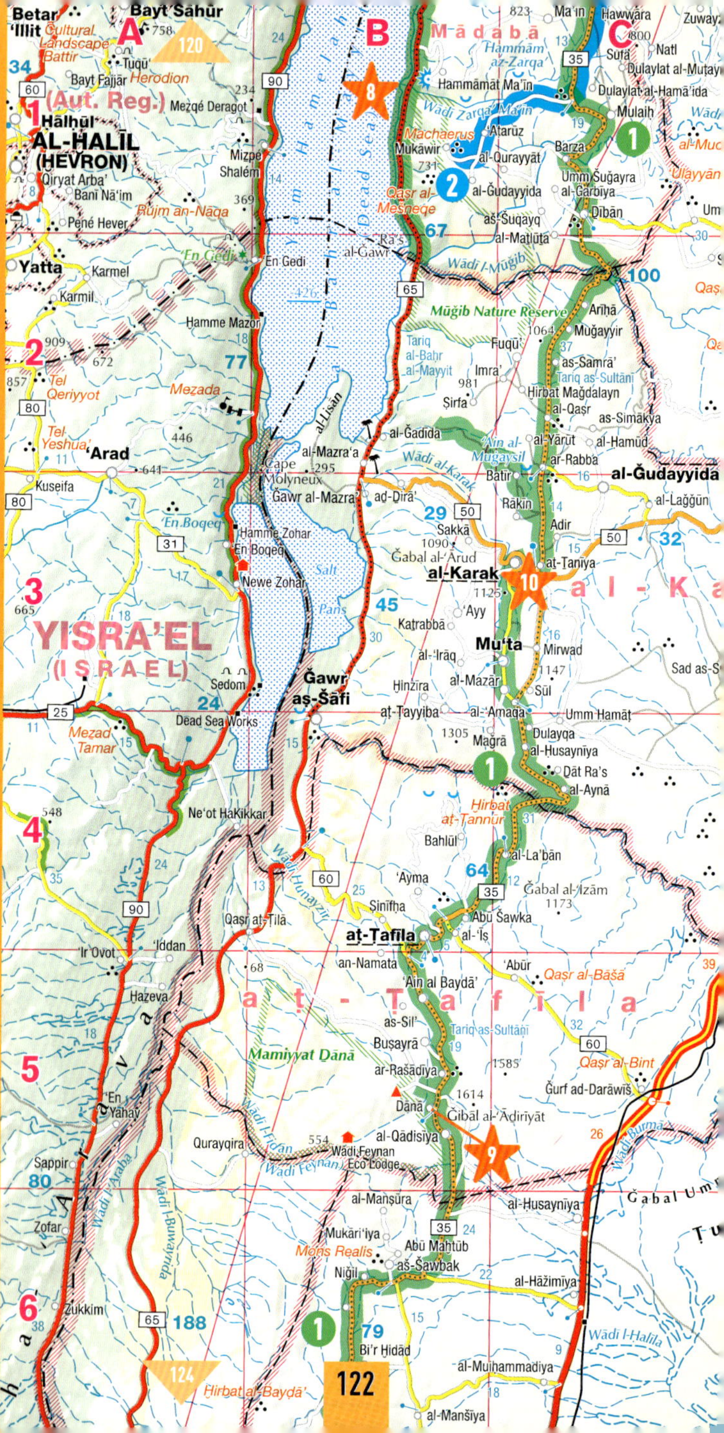
A
B
C
120
Betar 'Illit
Bayt Sāḥūr
Cultural Landscape Battir
Tuqū'
Bayt Fajjār
Herodion
(Aut. Reg.)
Meẓqé Deragot
Ḥalḥūl
AL-ḪALĪL
(HEVRON)
Qiryat Arba'
Banī Na'īm
Mizpé Shalém
Rujm an-Naqa
Pené Hever
Yatta
Karmel
Karmil
'En Gedi
En Gedi
Hamme Mazor
Tel Qeriyyot
Mezada
Tel Yeshua'
'Arad
Kuseifa
'En Boqeq
Hamme Zohar
En Boqeq
Newe Zohar
YISRA'EL
(ISRAEL)
Sedom
Dead Sea Works
Mezad Tamar
Ne'ot HaKikkar
'Ir Ovot
'Iddan
Ḥazeva
'En Yahav
Sappir
Zofar
Zukkim
Wādī l-'Araba
Wādī l-Buwayrida
'Arava
Yam HaMelah
Baḥr al-Mayyit
Dead Sea
al-Lisān
Cape Molyneux
Ġawr al-Mazra'
al-Mazra'a
Salt Pans
Ġawr aṣ-Ṣāfī
Mādabā
Ḥammām az-Zarqa
Ḥammāmāt Ma'īn
Wādī Zarqā' Ma'īn
Machaerus
Mukāwir
'Atarūz
al-Qurayyāt
Qaṣr al-Mešneqe
al-Ġudayyida
Umm Šuġayra
al-Ġarbīya
Ḏībān
aš-Šuqayq
al-Maṭlūṭa
Ra's al-Ġawr
Wādī l-Mūǧib
Mūǧib Nature Reserve
Ma'īn
Ḥawwāra
Zuway
Ṣūfa
Natl
Dulaylat al-Muṭay
Dulaylat al-Ḥamā'ida
Mulaiḥ
Barza
'Ulayyān
Arīḥā
Muġayyir
Fuqū'
Tariq al-Baḥr al-Mayyit
Imra'
as-Samrā'
Tariq as-Sulṭānī
Ḫirbat Maǧdalayn
Širfā
al-Qaṣr
as-Simākya
al-Ġadīda
'Ain al-Muġaysil
al-Yārūt
al-Ḥamūd
Wādī al-Karak
Baṭīr
ar-Rabba
al-Ġudayyida
al-Laǧǧūn
aḍ-Ḍirā'
Rākin
Adir
Sakkā
Ǧabal al-'Arūd
al-Karak
aṯ-Ṯaniya
al-Ka
'Ayy
Katrabbā
Mu'ta
Mirwad
al-'Irāq
al-Mazār
Sūl
Sad as-S
Ḥinzīra
aṭ-Ṭayyiba
al-'Amaqa
Umm Ḥamāṭ
Maġrā
Dulayqa
al-Ḥusaynīya
Ḏāt Ra's
al-Aynā
Ḫirbat aṭ-Ṭannūr
Bahlūl
al-La'bān
'Ayma
Ǧabal al-'Izām
Ṣinīfḥa
Abū Šawka
Wādī l-Ḥunayzīr
Qaṣr at-Tīlā
aṭ-Ṭafila
al-'Īṣ
an-Namata
'Abūr
Qaṣr al-Bāšā
'Ain al Bayḍā'
aṭ-Ṭafīla
as-Sil'
Tariq as-Sulṭānī
Buṣayrā
Mamiyyat Ḍānā
Qaṣr al-Bint
ar-Rašādiya
Ǧurf ad-Darāwīš
Ḍānā
Ǧibāl al-'Adiriyāt
al-Qādisiya
Qurayqira
Wādī Feynan Eco Lodge
Wādī l-Fīdān
(Wādī Feynān)
Wādī Burmā
Ǧabal Umm
al-Manṣūra
al-Ḥusaynīya
Mukāri'iya
Abū Maḥtūb
Mons Realis
Niġil
aš-Šawbak
al-Ḥāẓimīya
Wādī l-Ḥalīla
Bi'r Ḥidād
al-Muḥammadiya
al-Manšiya
Ḫirbat al-Bayḍā'
124

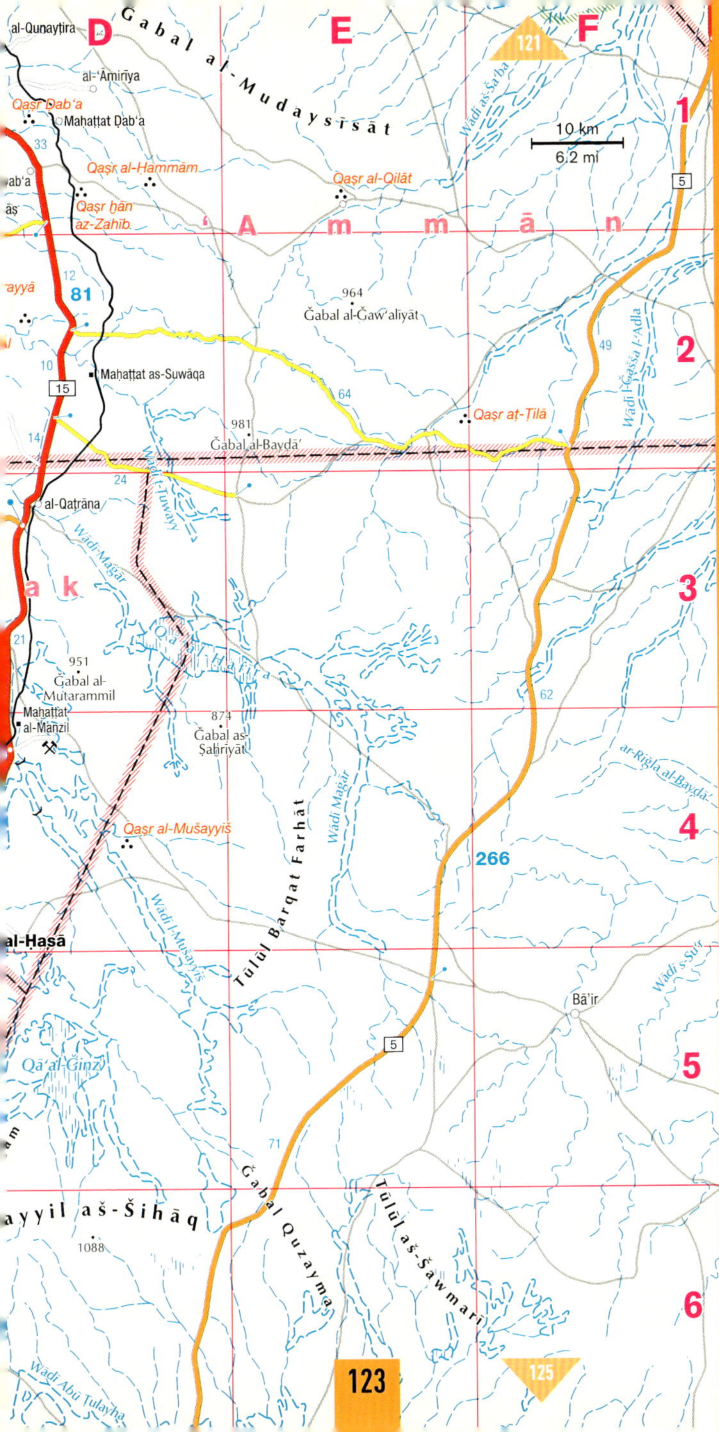
D
E
F
121
Ġabal al-Mudaysīsāt
al-Qunayṭira
al-ʿĀmirīya
Qaṣr Dabʿa
Maḥaṭṭat Ḍabʿa
Qaṣr al-Hammām
Qaṣr ḫān az-Zahīb
Qaṣr al-Qilāt
Wādī aš-Šaʿba
10 km
6.2 mi
5
1
ʿAmmān
81
964
Ġabal al-Ġawʿalīyāt
Maḥaṭṭat as-Suwāqa
15
64
Wādī l-Ġaššā l-ʿAdla
49
2
Qaṣr aṭ-Ṭilā
981
Ġabal al-Bayḍā'
Wādī l-Ṭuwayy
24
al-Qaṭrāna
Wādī Maġār
3
951
Ġabal al-Mutarammil
Maḥaṭṭat al-Manzil
874
Ġabal as-Ṣaḫriyāt
62
ar-Riġla al-Bayḍā'
Wādī Maġār
Qaṣr al-Mušayyiš
Ṭulūl Barqat Farḥāt
4
266
al-Ḥasā
Wādī l-Mušayyiš
Bā'ir
Wādī s-Sūr
5
Qāʿal-Ġinz
71
Ġabal Quzayma
Ṭulūl aš-Šawmarī
ayyil aš-Šiḥāq
1088
6
Wādī Abū Tulayḥa
125

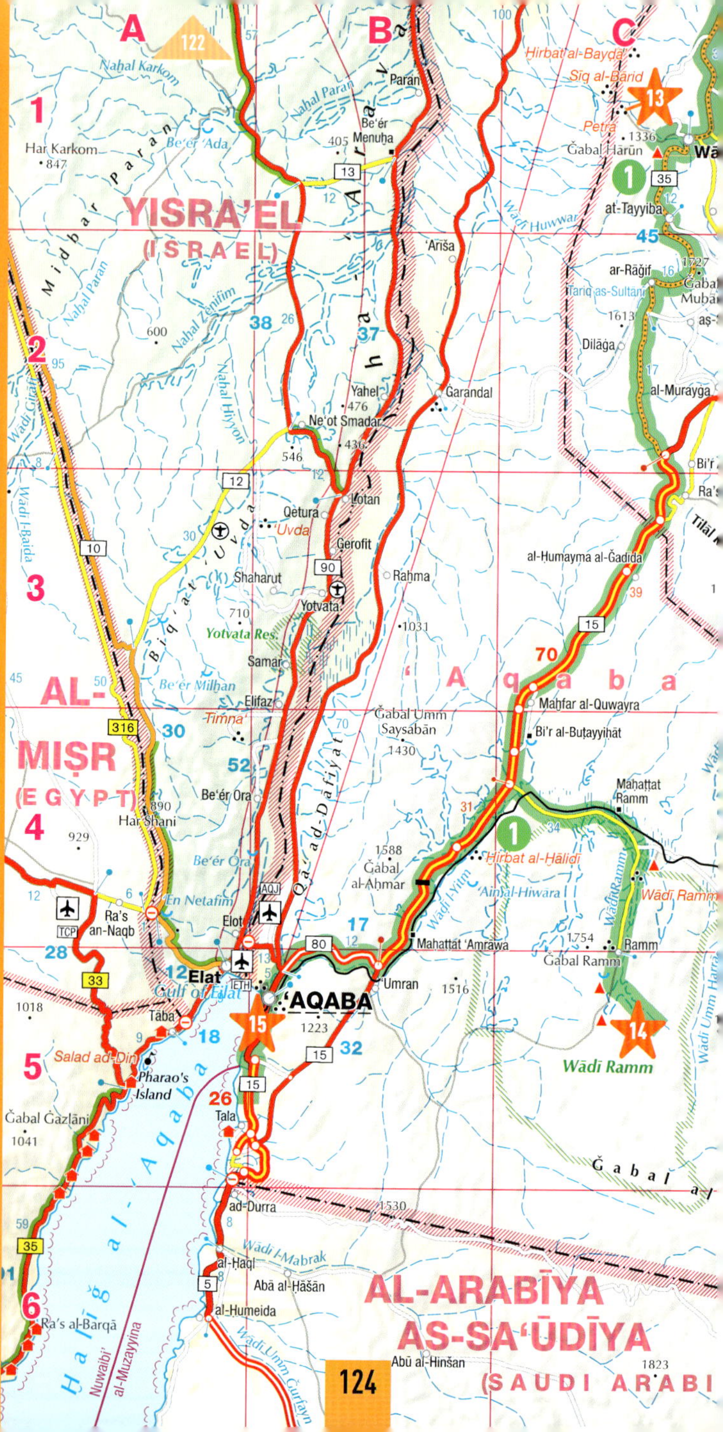
A
B
C
122
1
2
3
4
5
6
YISRA'EL
(ISRAEL)
AL-MIṢR
(EGYPT)
AL-ARABĪYA AS-SA'ŪDĪYA
(SAUDI ARABI
AQABA
Elat
Gulf of Elat
Ḫalīǧ al-'Aqaba
Midbar Paran
'Araba
'Aqaba
Har Karkom
Nahal Karkom
Nahal Paran
Paran
Be'ér Menuha
Be'ér 'Ada
Nahal Zenifim
Nahal Hiyyon
Yahel
Ne'ot Smadar
Lotan
Qetura
'Uvda
Biq'at 'Uvda
Gerofit
Shaharut
Yotvata
Yotvata Res.
Samar
Be'er Milhan
Elifaz
Timna'
Be'ér Ora
Har Shani
En Netafim
Elot
Ra's an-Naqb
Tāba
Salad ad-Din
Pharao's Island
Ǧabal Ġazlāni
Ra's al-Barqā
Nuwaibi'
al-Muzayyina
Tala
ad-Durra
al-Ḥaql
Abā al-Ḥāšān
al-Humeida
Wādī l-Mabrak
Wādī Umm Ǧurfayn
Abū al-Hinšan
Ḫirbat al-Bayḍā'
Sīq al-Bārid
Petra
Ǧabal Hārūn
at-Tayyiba
ar-Rāǧif
Ṭarīq as-Sulṭānī
Dilāġa
al-Murayġa
'Arīša
Ġarandal
Wādī Huwwar
Rahma
al-Ḥumayma al-Ǧadīda
Maḫfar al-Quwayra
Bi'r al-Buṭayyiḥāt
Ǧabal Umm Saysabān
Qā' ad-Dāfiyat
Ǧabal al-Aḥmar
Ḫirbat al-Ḫālidī
'Ain al-Hiwāra
Wādī l-Yitm
Maḥaṭṭat 'Amrāwa
Maḥaṭṭat Ramm
Ramm
Ǧabal Ramm
Wādī Ramm
Wādī Umm Harā
'Umran
Ǧabal
Wādī Girafi
Wādī l-Baida
Tilāl
Bi'r
Ra's
Wā
Ǧabal Mubā
aš-

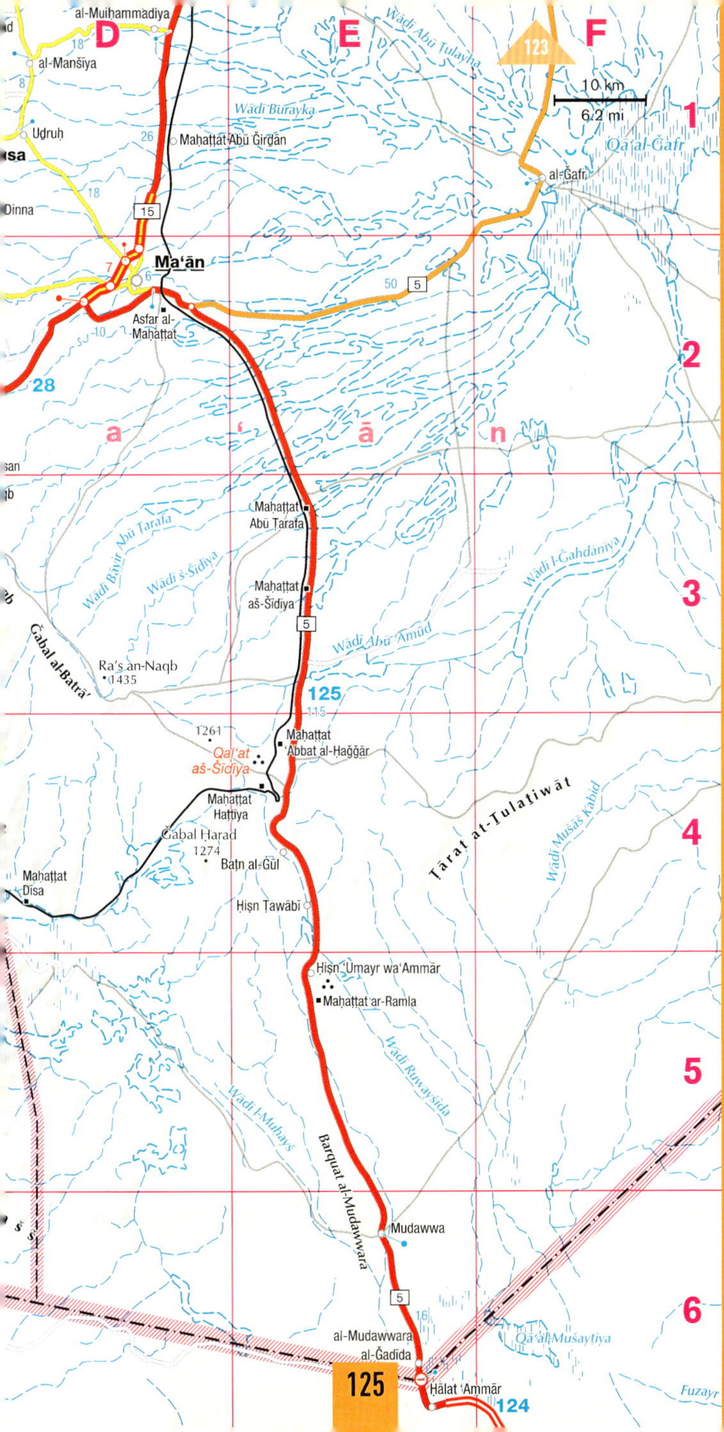

D
E
F
123
1
2
3
4
5
6
10 km
6,2 mi
al-Muḥammadiya
al-Manšiya
Uḏruḥ
Dinna
Maḥaṭṭat Abū Ǧirḏān
Wādī Burayka
Wādī Abū Ṭulayḥa
Qā' al-Ǧafr
al-Ǧafr
Ma'ān
Asfar al-Maḥaṭṭat
15
5
50
28
a ' ā n
Maḥaṭṭat Abū Ṭarafa
Wādī Bayir Abū Ṭarafa
Wādī š-Šīdiya
Maḥaṭṭat aš-Šīdiya
Wādī l-Ǧahdāniya
Wādī Abū 'Amūd
Ǧabal al-Batrā'
Ra's an-Naqb
1435
125
1261
Maḥaṭṭat 'Abbat al-Ḥaǧǧār
Qal'at aš-Šīdiya
Maḥaṭṭat Haṭṭiya
Ǧabal Ḥarad
1274
Baṭn al-Ġūl
Ṭārat at-Ṯulaṭiwāt
Wādī Mušāš Kabid
Maḥaṭṭat Dīsa
Ḥiṣn Ṭawābī
Ḥiṣn 'Umayr wa 'Ammār
Maḥaṭṭat ar-Ramla
Wādī Ruwaysida
Wādī l-Muhayš
Barquat al-Mudawwara
Mudawwa
al-Mudawwara al-Ǧadīda
Qā' al-Mušaytīya
Ḥālat 'Ammār
124
Fuzayr

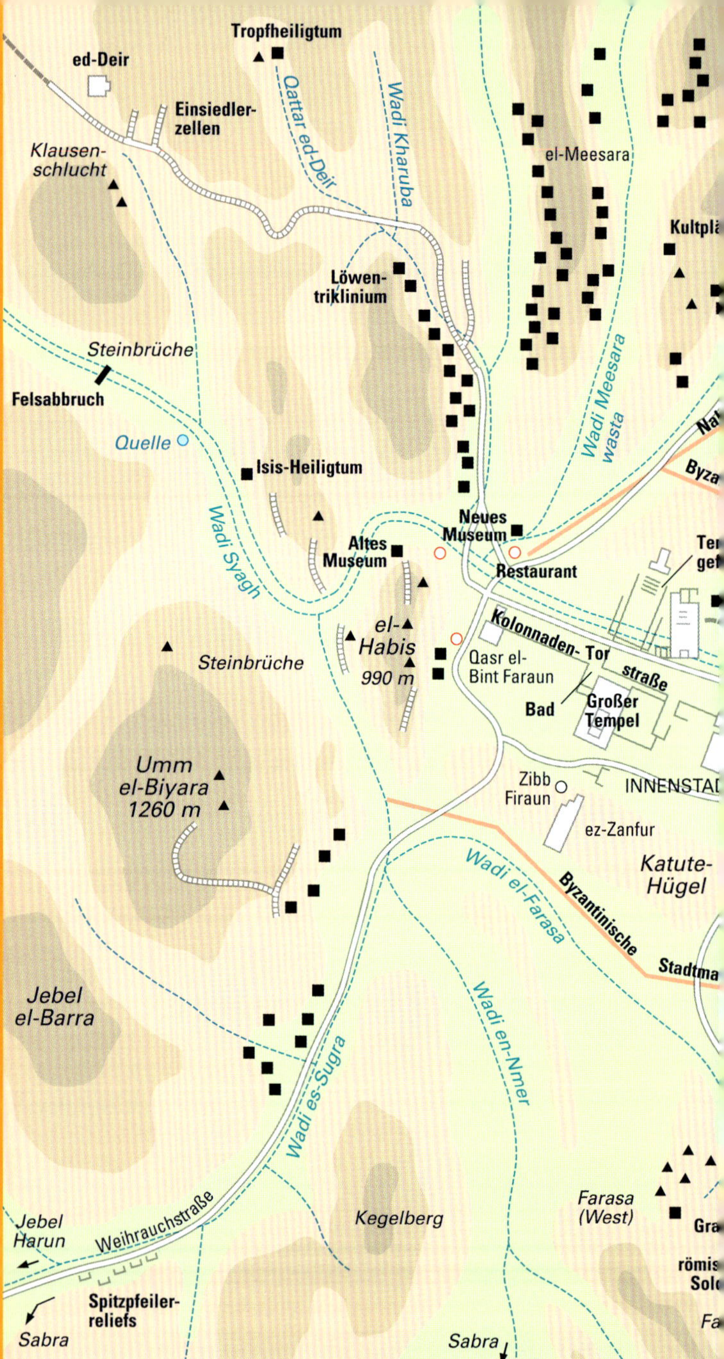
Tropfheiligtum
ed-Deir
Einsiedler-
zellen
Klausen-
schlucht
Qattar ed-Deir
Wadi Kharuba
el-Meesara
Löwen-
triklinium
Steinbrüche
Felsabbruch
Quelle
Isis-Heiligtum
Wadi Meesara
wasta
Neues
Museum
Altes
Museum
Restaurant
Wadi Syagh
el-
Habis
990 m
Kolonnaden-
straße
Tor
Qasr el-
Bint Faraun
Bad
Großer
Tempel
Steinbrüche
Umm
el-Biyara
1260 m
Zibb
Firaun
ez-Zanfur
Katute-
Hügel
Wadi el-Farasa
Byzantinische
Jebel
el-Barra
Wadi en-Nmer
Wadi es-Sugra
Kegelberg
Farasa
(West)
Jebel
Harun
Weihrauchstraße
Spitzpfeiler-
reliefs
Sabra
Sabra

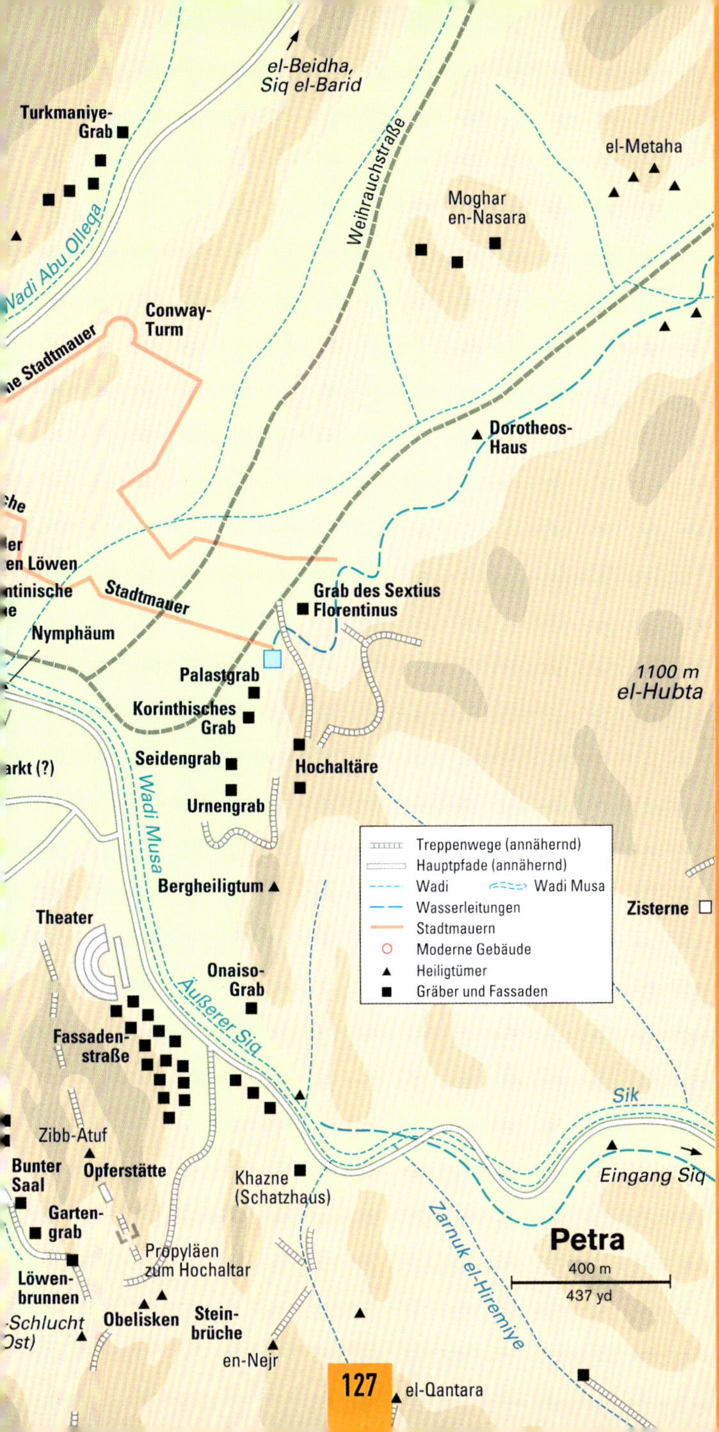
el-Beidha,
Siq el-Barid
Turkmaniye-
Grab
Weihrauchstraße
el-Metaha
Moghar
en-Nasara
Wadi Abu Olleqa
Conway-
Turm
Stadtmauer
Dorotheos-
Haus
Grab des Sextius
Florentinus
Stadtmauer
Nymphäum
Palastgrab
Korinthisches
Grab
1100 m
el-Hubta
Seidengrab
Hochaltäre
Urnengrab
Wadi Musa
Bergheiligtum
Treppenwege (annähernd)
Hauptpfade (annähernd)
Wadi
Wadi Musa
Wasserleitungen
Stadtmauern
Moderne Gebäude
Heiligtümer
Gräber und Fassaden
Zisterne
Theater
Onaiso-
Grab
Äußerer Siq
Fassaden-
straße
Sik
Zibb-Atuf
Bunter
Saal
Opferstätte
Khazne
(Schatzhaus)
Eingang Siq
Garten-
grab
Zarnuk el-Hiremiye
Petra
400 m
437 yd
Propyläen
zum Hochaltar
Löwen-
brunnen
Obelisken
Stein-
brüche
en-Nejr
el-Qantara

KARTENLEGENDE

18 26	Autobahn mit Anschlussstellen Motorway with junctions
	Autobahn in Bau Motorway under construction
	Mautstelle Toll station
	Raststätte mit Übernachtung Roadside restaurant and hotel
	Raststätte Roadside restaurant
	Tankstelle Filling-station
	Autobahnähnliche Schnell-straße mit Anschlussstelle Dual carriage-way with motorway characteristics with junction
	Fernverkehrsstraße Trunk road
	Durchgangsstraße Thoroughfare
	Wichtige Hauptstraße Important main road
	Hauptstraße Main road
	Nebenstraße Secondary road
	Eisenbahn Railway
	Autozug-Terminal Car-loading terminal
	Zahnradbahn Mountain railway
	Kabinenschwebebahn Aerial cableway
	Eisenbahnfähre Railway ferry
	Autofähre Car ferry
	Schifffahrtslinie Shipping route
	Landschaftlich besonders schöne Strecke Route with beautiful scenery
Alleenstr.	Touristenstraße Tourist route
XI-V	Wintersperre Closure in winter
	Straße für Kfz gesperrt Road closed to motor traffic
8%	Bedeutende Steigungen Important gradients
	Für Wohnwagen nicht empfehlenswert Not recommended for caravans
	Für Wohnwagen gesperrt Closed for caravans
	Besonders schöner Ausblick Important panoramic view
Wartenstein *Umbalfälle*	Sehenswert: Kultur - Natur Of interest: culture - nature
	Badestrand Bathing beach
	Nationalpark, Naturpark National park, nature park
	Sperrgebiet Prohibited area
	Kirche Church
	Kloster Monastery
	Schloss, Burg Palace, castle
	Moschee Mosque
	Ruinen Ruins
	Leuchtturm Lighthouse
	Turm Tower
	Höhle Cave
	Ausgrabungsstätte Archaeological excavation
	Jugendherberge Youth hostel
	Allein stehendes Hotel Isolated hotel
	Berghütte Refuge
	Campingplatz Camping site
	Flughafen Airport
	Regionalflughafen Regional airport
	Flugplatz Airfield
	Staatsgrenze National boundary
	Verwaltungsgrenze Administrative boundary
	Grenzkontrollstelle Check-point
	Grenzkontrollstelle mit Beschränkung Check-point with restrictions
ROMA	Hauptstadt Capital
VENEZIA	Verwaltungssitz Seat of the administration
	MARCO POLO Erlebnistour 1 MARCO POLO Discovery Tour 1
	MARCO POLO Erlebnistouren MARCO POLO Discovery Tours
1	MARCO POLO Highlight MARCO POLO Highlight

FÜR IHRE NÄCHSTE REISE ...

ALLE **MARCO POLO** REISEFÜHRER

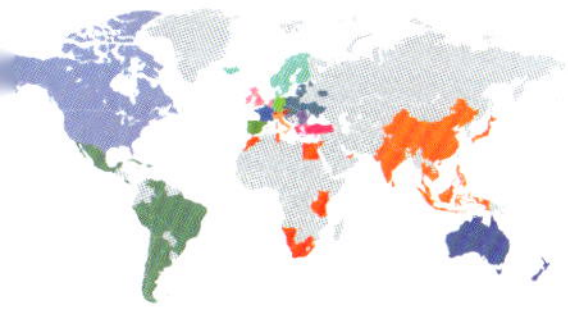

DEUTSCHLAND
Allgäu
Bayerischer Wald
Berlin
Bodensee
Chiemgau/Berchtesgadener Land
Dresden/Sächsische Schweiz
Düsseldorf
Eifel
Erzgebirge/Vogtland
Föhr & Amrum
Franken
Frankfurt
Hamburg
Harz
Heidelberg
Köln
Lausitz/Spreewald/Zittauer Gebirge
Leipzig
Lüneburger Heide/Wendland
Mecklenburgische Seenplatte
Mosel
München
Nordseeküste Schleswig-Holstein
Oberbayern
Ostfriesische Inseln
Ostfriesland/Nordseeküste Niedersachsen/Helgoland
Ostseeküste Mecklenburg-Vorpommern
Ostseeküste Schleswig-Holstein
Pfalz
Potsdam
Rheingau/Wiesbaden
Rügen/Hiddensee/Stralsund
Ruhrgebiet
Schwarzwald
Stuttgart
Sylt
Thüringen
Usedom
Weimar

ÖSTERREICH SCHWEIZ
Kärnten
Österreich
Salzburger Land
Schweiz
Steiermark
Tessin
Tirol
Wien
Zürich

FRANKREICH
Bretagne
Burgund
Côte d'Azur/Monaco
Elsass
Frankreich
Französische Atlantikküste
Korsika
Languedoc-Roussillon
Loire-Tal
Nizza/Antibes/Cannes/Monaco
Normandie
Paris
Provence

ITALIEN MALTA
Apulien
Dolomiten
Elba/Toskanischer Archipel
Emilia-Romagna
Florenz
Gardasee
Golf von Neapel
Ischia
Italien
Italienische Adria
Italien Nord
Italien Süd
Kalabrien
Ligurien/Cinque Terre
Mailand/Lombardei
Malta & Gozo
Oberital. Seen
Piemont/Turin
Rom
Sardinien
Sizilien/Liparische Inseln
Südtirol
Toskana
Venedig
Venetien & Friaul

SPANIEN PORTUGAL
Algarve
Andalusien
Barcelona
Baskenland/Bilbao
Costa Blanca
Costa Brava
Costa del Sol/Granada
Fuerteventura
Gran Canaria
Ibiza/Formentera
Jakobsweg Spanien
La Gomera/El Hierro
Lanzarote
La Palma
Lissabon
Madeira
Madrid
Mallorca
Menorca
Portugal
Spanien
Teneriffa

NORDEUROPA
Bornholm
Dänemark
Finnland
Island
Kopenhagen
Norwegen
Oslo
Schweden
Stockholm
Südschweden

WESTEUROPA BENELUX
Amsterdam
Brüssel
Dublin
Edinburgh
England
Flandern
Irland
Kanalinseln
London
Luxemburg
Niederlande
Niederländische Küste
Schottland
Südengland

OSTEUROPA
Baltikum
Budapest
Danzig
Krakau
Masurische Seen
Moskau
Plattensee
Polen
Polnische Ostseeküste/Danzig
Prag
Slowakei
St. Petersburg
Tallinn
Tschechien
Ungarn
Warschau

SÜDOSTEUROPA
Bulgarien
Bulgarische Schwarzmeerküste
Kroatische Küste Dalmatien
Kroatische Küste Istrien/Kvarner
Montenegro
Rumänien
Slowenien

GRIECHENLAND TÜRKEI ZYPERN
Athen
Chalkidiki/Thessaloniki
Griechenland Festland
Griechische Inseln/Ägäis
Istanbul
Korfu
Kos
Kreta
Peloponnes
Rhodos
Samos
Santorin
Türkei
Türkische Südküste
Türkische Westküste
Zákinthos/Itháki/Kefalloniá/Léfkas
Zypern

NORDAMERIKA
Chicago und die Großen Seen
Florida
Hawai'i
Kalifornien
Kanada
Kanada Ost
Kanada West
Las Vegas
Los Angeles
New York
San Francisco
USA
USA Ost
USA Südstaaten/New Orleans
USA Südwest
USA West
Washington D.C.

MITTEL- UND SÜDAMERIKA
Argentinien
Brasilien
Chile
Costa Rica
Dominikanische Republik
Jamaika
Karibik/Große Antillen
Karibik/Kleine Antillen
Kuba
Mexiko
Peru & Bolivien
Yucatán

AFRIKA UND VORDERER ORIENT
Ägypten
Djerba/Südtunesien
Dubai
Israel
Jordanien
Kapstadt/Wine Lands/Garden Route
Kapverdische Inseln
Kenia
Marokko
Namibia
Rotes Meer & Sinai
Südafrika
Tansania/Sansibar
Tunesien
Vereinigte Arabische Emirate

ASIEN
Bali/Lombok/Gilis
Bangkok
China
Hongkong/Macau
Indien
Indien/Der Süden
Japan
Kambodscha
Ko Samui/Ko Phangan
Krabi/Ko Phi Phi/Ko Lanta/Ko Jum
Malaysia
Nepal
Peking
Philippinen
Phuket
Shanghai
Singapur
Sri Lanka
Thailand
Tokio
Vietnam

INDISCHER OZEAN UND PAZIFIK
Australien
Malediven
Mauritius
Neuseeland
Seychellen

Viele MARCO POLO Reiseführer gibt es auch als eBook – und es kommen ständig neue dazu!
Checken Sie das aktuelle Angebot einfach auf: www.marcopolo.de/e-books

REGISTER

Das Register enthält alle in diesem Reiseführer erwähnten Orte und Ausflugsziele, wichtige Persönlichkeiten sowie einige Sachbegriffe. Gefettete Seitenzahlen verweisen auf den Haupteintrag.

SCHREIBEN SIE UNS!

Egal, was Ihnen Tolles im Urlaub begegnet oder Ihnen auf der Seele brennt, lassen Sie es uns wissen! Ob Lob, Kritik oder Ihr ganz persönlicher Tipp – die MARCO POLO Redaktion freut sich auf Ihre Infos.
Wir setzen alles dran, Ihnen möglichst aktuelle Informationen mit auf die Reise zu geben. Dennoch schleichen sich manchmal Fehler ein – trotz gründlicher Recherche unserer Autoren/innen. Sie haben sicherlich Verständnis, dass der Verlag dafür keine Haftung übernehmen kann.

MARCO POLO Redaktion
MAIRDUMONT
Postfach 31 51
73751 Ostfildern
info@marcopolo.de

IMPRESSUM
Titelbild: Petra, Königsgräber (Look-foto: H. Erber)
Fotos: DuMont Bildarchiv: Gartung (52, 105); Getty Images: Philip and Karen Smith (3); huber-images: Borchi (44), Paolo Giocoso (Klappe r., 18 o., 25), Reiner Harscher (118/119), Ripani (29, 106 u.), Szyszka (17); F. Ihlow (8); M. Kirchgessner (6, 10, 31, 34, 53, 58, 62, 104/105, 107); laif: Eid (42/43, 80/81), Gaasterland (30, 56/57), Gumm (20/21, 37), Monica Gumm (7, 19 u., 30/31), Heuer (101), Riehle (40); laif/Le Figaro Magazine: Hubert Raguet (72); laif/robertharding: Ken Gillham (32/33); Look-foto: Günther Bayerl (50/51), H. Erber (1 o.), Hermann Erber (5, 19 o., 66, 86/87), Elan Fleisher (83); Look-foto/age fotostock (26/27, 61); mauritius images: Bibikow (102/103), Walter Bibikow (39, 74); mauritius images/age (22), Walter Bibikow (4 u., 68); mauritius images/Alamy: Eric Farrelly (85), Blaine Harrington III (64/65, 71, 98/99), Eric Lafforgue (46), Bill Lyons (14/15), Andre Seale (Klappe l.), Juliane Thiere (103); mauritius images/Elvele Images Ltd/Alamy (93); mauritius images/foodcollection (28 r.); mauritius images/imageBROKER: de Cuveland (11), Norbert Eisele-Hein (2), Norbert Probst (49); mauritius images/imageBROKER/KFS (18 u.); mauritius images/Westend61: Susan Brooks-Dammann (28 l.); H. Mielke (4 o., 9, 12/13, 76/77, 78, 102, 106 o.); M. Sabra (1 u.); Schapowalow: Massimo Borchi (96); T. Stankiewicz (104); Terhaal Eco Adventure: Rakan Mehyar (18 M.)

8. Auflage 2017
Komplett überarbeitet und neu gestaltet

Chefredaktion: Marion Zorn
Autorin: Andrea Nüsse; Bearbeiterin: Martina Sabra; Redaktion: Jens Bey
Verlagsredaktion: Susanne Heimburger, Tamara Hub, Nikolai Michaelis, Kristin Schimpf, Martin Silbermann
Bildredaktion: Gabriele Forst, Stefanie Wiese
Im Trend: wunder media, München
Kartografie Reiseatlas: © MAIRDUMONT, Ostfildern; Kartografie Faltkarte: © MAIRDUMONT, Ostfildern
Gestaltung Cover, S. 1, S. 2/3, Faltkartencover: Karl Anders – Büro für Visual Stories, Hamburg; Gestaltung innen: milchhof:atelier, Berlin; Gestaltung Erlebnistouren: Susan Chaaban Dipl.-Des. (FH)Sprachführer: in Zusammenarbeit mit Ernst Klett Sprachen GmbH, Stuttgart, Redaktion PONS Wörterbücher

Printed in China

FSC www.fsc.org MIX Paper from responsible sources FSC® C124385

BLOSS NICHT

Ein paar Dinge, die Sie in Jordanien beachten sollten

MINIROCK ODER SHORTS TRAGEN

Jordanier sind sehr höflich und werden Sie nicht anpöbeln, weil Sie aufreizende Kleidung tragen. Wenn Sie aber weniger als Exot auffallen und mit der Bevölkerung in Kontakt kommen wollen, empfiehlt sich dezente Kleidung: lange Hosen für Männer und Röcke oder Hosen, die das Knie bedecken, für Frauen. Sie werden auch bei größter Hitze keinen Jordanier sehen, der Shorts trägt. Ausnahmen finden sich bei der Jugend der Upperclass in Amman. Anders ist es an Touristenorten wie den Stränden von Aqaba, dem Wadi Rum oder bei Wandertouren: Hier können Sie kurze Hosen tragen. Für den Besuch einer Moschee sollten Frauen immer ein Kopftuch einpacken.

KORALLEN UND FISCHE ANFASSEN

Nicht nur wegen des Artenschutzes sollten Sie beim Tauchen und Schnorcheln nichts anfassen. Es gibt in der Unterwasserwelt des Roten Meers Fische und Korallen, die höchst giftig sind. Auch die Stacheln der Seeigel brechen leicht ab und bleiben unter der Haut sitzen. Das Abbrechen von Korallen ist strafbar. Hände weg, nur anschauen!

ZUM ATHEISMUS BEKENNEN

Nutzen Sie die Gelegenheit für interessante Diskussionen über Religion und Islam. Vermeiden Sie es jedoch, sich als Atheist zu präsentieren. Sie werden nur verständnisloses Staunen hervorrufen, und ein Gespräch wird möglicherweise beendet werden. Denn in der arabischen Welt gibt es – wenn überhaupt – nur einzelne Intellektuelle, die sich zur Gottlosigkeit bekennen. Atheismus ist verpönt und gesellschaftlich nicht akzeptabel. Juden und Christen werden dagegegen als „Leute des Buches" (Thora, Bibel) anerkannt und respektiert.

HITZE UND KÄLTE UNTERSCHÄTZEN

Die Temperaturunterschiede in Jordanien sind extrem. Wenn Sie im Sommer im Wadi Rum oder in Aqaba unterwegs sind, müssen Sie immer Wasserflaschen und einen Hut dabeihaben. Die Temperaturen steigen hier auf über 40 Grad. In Amman, das fast 1000 m hoch liegt, brauchen Sie dagegen auch in Sommernächten oft einen leichten Pullover. Kommen Sie im Winter nach Jordanien, ziehen Sie sich warm an. Nicht nur in Amman und im Norden des Landes liegt regelmäßig Schnee – wenn auch nur für kurze Zeit. Eine Nacht in der Wüste kann schon Ende Oktober eiskalt sein. Packen Sie unbedingt eine Daunenjacke und warme Unterwäsche ein.

DIE AUSWEISPAPIERE VERGESSEN

Tragen Sie immer Ihre Ausweispapiere mit sich, das gilt vor allem für Ausflüge an das Tote Meer, ins Jordantal, nach Aqaba usw. Ohne Papiere wird man an den zahllosen Checkpoints abgewiesen und zurückgeschickt.